CURSO INTENSIVO DE ESPAÑOL

NIVELES DE INICIACIÓN Y ELEMENTAL

EJERCICIOS PRÁCTICOS

J. FERNÁNDEZ - R. FENTE - J. SILES

CURSO INTENSIVO DE ESPAÑOL

EJERCICIOS PRÁCTICOS

NIVELES

INICIACIÓN

ELEMENTAL

SGEL

Sociedad General Española de Librería, S.A.

Primera edición renovada, 1999
Segunda edición en el 2000

Produce: SGEL-Educación
           Avda. Valdelaparra, 29 - 28108 ALCOBENDAS (MADRID)

ISBN: 84-7143-745-7
Depósito Legal: M-6439-2000
Impreso en España - Printed in Spain

Cubierta: Carla Esteban
Maqueta: Susana Martínez

Compone: CARÁCTER, S. A.
Imprime: SITTIC, S. L.
Encuaderna: RÚSTICA HILO, S. L.

Prólogo

Nos es grato presentar a profesores y estudiantes de español como segunda lengua esta nueva edición —actualizada en su contenido y renovada en su formato y composición tipográfica— del primer volumen de la serie *Curso Intensivo de español*. Serie compuesta, como es sabido tras su ya larga andadura en el campo de la enseñanza del español a extranjeros, de tres libros de *Ejercicios* graduados por orden de dificultad, a partir del nivel cero de conocimientos hasta el superior avanzado, y una *Gramática* que la completa.

Sigue esta nueva edición el criterio establecido en todas las anteriores: que es forzoso seleccionar, limitar y adaptar el léxico y estructuras sintácticas a cada nivel de enseñanza, más aún tratándose de un nivel de *Iniciación y elemental* como es el caso de este volumen. De ahí que no todo lo que aparentemente falta en el libro sea consecuencia de olvido o negligencia, sino de una muy pensada y meditada visión metodológica, tratando, desde un punto de vista sintáctico exclusivamente la oración simple, y presentando la oración subordinada, y en consecuencia el modo subjuntivo, en los dos siguientes libros de la setie. Desde un punto de vista léxico hemos realizado una selección rigurosa del número de vocablos, modismos y expresiones, llegando a una síntesis de mil palabras; más que suficientes, a nuestro juicio, para un nivel de *Iniciación*.

Como en los otros niveles, cada libro de *Ejercicios Prácticos* cuenta con dos amplios índices, uno inicial de contenidos y otro alfabético de conceptos, al final. Por otro lado, una pequeña *Clave y guía didáctica* propone, —en volumen aparte— el solucionario de los ejercicios.

Esta nueva edición actualizada está acompañada por una versión electrónica en CD ROM. En un solo disco, el alumno encontrará todos los ejercicios, junto con la información gramatical precisa para desarrollarlos y un sistema de evaluación de los mismos. De esta manera, el alumno que desee trabajar individualmente en el ordenador, podrá siempre evaluar sus respuestas y corregir sus errores en la pantalla.

Gracias de nuevo a tantos colegas y alumnos de todo el mundo que desde hace tanto tiempo vienen depositando en *Curso Internsivo de español* su confianza. Esperamos que esta confianza, una vez más, se vea confirmada.

JESÚS FERNÁNDEZ ÁLVAREZ
RAFAEL FENTE GÓMEZ
JOSÉ SILES ARTÉS

Majadahonda (Madrid), enero de 1999.

Introducción

El libro consta de 60 unidades didácticas divididas en dos ciclos: al primero corresponden las primeras 32 unidades y al segundo las 28 restantes. Hay índices muy pormenorizados: el primero, denominado **índice por unidades didácticas**, y el segundo, **índice alfabético de conceptos**. El objeto primordial de ambos es facilitar la labor del profesor al máximo.

Cada unidad está estructurada de la siguiente manera: los primeros ejercicios de cada unidad constituyen la espina dorsal de la misma y se centran concretamente en problemas morfológicos del verbo en el 1.er ciclo y morfosintácticos principalmente en el 2.º ciclo. Dichos problemas son consecuentes con el nivel de iniciación que nos hemos propuesto en esta obra. Cada unidad se completa otros ejercicios morfológicos o sintácticos que sistemáticamente cubren el campo básico de la gramática de la lengua española (género, número, artículo, pronombre, etc.). Cada unidad concluye con uno o dos ejercicios de léxico rigurosamente seleccionados por campos semánticos de mayor frecuencia de uso. Con respecto a estos últimos, es importante destacar que periódicamente se presenta una serie de ejercicios de recopilación que sirven para consolidar el vocabulario ya presentado en unidades anteriores.

La *variedad* es, pues, elemento fundamental en la concepción y desarrollo del libro. Por ejemplo, la unidad 19 consta de siete ejercicios, dos de ellos centrados en problemas morfológicos del imperativo, uno en el número del sustantivo, otro en la morfología del posesivo, otro en los grados de comparación del adjetivo, y los dos últimos en la lectura de las letras del alfabeto y nombres de tiendas y establecimientos.

Otra característica de la obra es la diversidad del tipo de ejercicios, de modo que un mismo problema es presentado al alumno con distintos procedimientos metodológicos para prestar amenidad a una materia que tradicionalmente se ha venido considerando árida y poco atractiva. A título de ejemplo se puede mencionar que la morfología del verbo **ser** en los tiempos simples del indicativo se presenta hasta en 18 ejercicios diferentes; la morfosintaxis, en 19, y la sintaxis, en siete.

No hay que sorprenderse de no encontrar aquí temas tales como el subjuntivo, tiempos compuestos (con excepción del pretérito perfecto), pronombres relativos, conjunciones y partículas de enlace, etc. Estas ausencias son deliberadas, ya que dichos temas caen fuera del ámbito de la oración simple al que estrictamente nos hemos ceñido en este primer libro de la serie **Curso intensivo de español**, de conformidad con nuestra particular concepción pedagógica. Para tratar dichos problemas el profesor puede recurrir a los otros dos libros de la serie que son los eslabones que completan la cadena didáctica.

OBJETIVOS

Del anterior apartado se deduce lo siguiente:

a) El libro va dirigido expresamente a alumnos extranjeros absolutamente principiantes en la lengua española o que tengan conocimientos rudimentarios.
b) Se pretende que, al finalizar las 60 unidades del libro, el alumno haya adquirido un conocimiento práctico de los puntos básicos de la gramática y lengua españolas.

c) Que el alumno disponga de un vocabulario activo básico de 1.000 palabras.

d) Que se familiarice con los problemas más característicos de la oración simple.

e) Que la práctica de estos ejercicios faculte al alumno para ampliar sus conocimientos enlazando con el libro segundo de la serie **Curso intensivo de español**.

SUGERENCIAS PARA LA UTILIZACIÓN DEL LIBRO

Tal y como se indica en la introducción, el libro ofrece la particularidad de poder utilizarse de dos maneras distintas:

a) **Como un método**

El profesor puede seguir cada una de las unidades del libro en su secuencia lineal con la seguridad de que irá cubriendo sin lagunas los problemas morfosintácticos del español a nivel de iniciación. Es más, ateniéndose a la pauta marcada por los *epígrafes* de los ejercicios, al profesor le bastará con una sencilla explicación teórica previa a cada problema gramatical o referir al alumno al libro de **Gramática** de la serie.

En realidad, los epígrafes de los ejercicios constituyen un "syllabus" exhaustivo, explícito y secuencializado de los problemas *básicos* del aprendizaje del español como lengua extranjera. En el apartado siguiente, donde se explica el manejo de los índices, se verá con mayor claridad la importancia de este aspecto del libro.

b) **Como un libro de ejercicios**

El profesor puede utilizar el libro de tres modos distintos:

1. Como *práctica* y *complemento* de aspectos teóricos ya presentados en clase.
2. Para *profundizar* en cada uno de los temas que estime oportuno.
3. Para *corregir* defectos y vicios acumulados por el alumno, como es el caso de los falsos principiantes, etc.

En estos tres supuestos es evidente que hay que hacer un uso selectivo de las unidades y ejercicios de este volumen. Para realizar esta labor, al profesor se le proporciona un instrumento *ad hoc*: un **índice alfabético de conceptos**.

FUNCIÓN DE LOS ÍNDICES

Como ya se ha dicho, el libro va precedido de dos índices:

a) **Índice por unidades didácticas**

Está dividido en dos ciclos; el primero refleja fundamentalmente problemas morfológicos y el segundo problemas morfosintácticos que sirven de complemento a los anteriores. Este índice llega a tal grado de pormenorización y exhaustividad que ocupa dieciséis páginas. Aquí el profesor verá reflejado de una manera clara y sistemática el desarrollo teórico de **Curso intensivo de español** a este nivel; en otras palabras, el entramado metodológico que lo sustenta. Este índice es, por consiguiente, la guía que el profesor necesita para preparar las explicaciones previas a la práctica de los ejercicios.

b) Índice alfabético de conceptos

Este segundo índice incluye en orden alfabético tanto los aspectos gramaticales como los léxicos y lexicosemánticos que se presentan en los ejercicios del libro. Consta de unas entradas principales que o bien se refieren a problemas generales de gramática o a conceptos específicos de léxico y de contrastes lexicográficos (en este segundo caso las entradas aparecen en letras mayúsculas). El objetivo principal de este índice es localizar un tema determinado con la mayor precisión y ahorro de tiempo posibles y al mismo tiempo servir de instrumento de referencia para la utilización del libro como *un método,* según se expone en el apartado anterior.

ALGUNAS SUGERENCIAS SOBRE CÓMO REALIZAR LOS EJERCICIOS

Sin ánimo de condicionar el buen criterio de cada profesor, nos permitimos, por último, dar algunas orientaciones didácticas basadas en nuestra doble experiencia de autores y profesores.

Los ejercicios pueden hacerse de distintas maneras. He aquí algunas:

a) Que los alumnos den por escrito las soluciones (para ello pueden utilizar, si así lo desean, las páginas de *apuntes de clase* al final de cada unidad) y las lean individualmente en la clase, con lo cual se cubre, al mismo tiempo, el aspecto oral (fonética y entonación), tan importante en el aprendizaje inicial de una lengua.

b) En el caso de clases muy numerosas, el profesor puede encargar los ejercicios que desee para realizar en casa y posteriormente en clase dar y explicar las soluciones de manera colectiva.

c) El profesor puede siempre ampliar los límites de cualquier ejercicio y profundizar en el estudio y tratamiento del problema específico según sea el nivel y motivación de sus alumnos.

d) Algunos ejercicios, en especial los señalados en la clave como *de libre creación* o *de libre elección,* ofrecen unas posibilidades óptimas de participación oral de los alumnos con todas las ventajas prácticas que ello lleva implícito.

Majadahonda (Madrid), enero de 1999.

Signos empleados

Ø   morfema cero (carencia de inflexión).

≠   signo de contraste.

/   alternancia.

>   se convierte en.

➤   se transforma en.

~   respuesta.

Indice por unidades didácticas

PRIMER CICLO

SEGUNDO CICLO

Primera parte

Unidad una

1. Dé la forma apropiada del presente del verbo *ser*.

MODELO: (Yo) soy { Pedro
{ Carmen

1. (Tú) _____eres_____ Pedro.
2. (Usted) _____es_____ Pedro.
3. (Él) _____es_____ Pedro.
4. (Ella) _____es_____ Carmen.

2. Dé la forma apropiada del presente del verbo *ser*.

MODELO: (Nosotros) *somos* María y José.

1. (Vosotros) _____sois_____ Manuel y Andrés.
2. (Vosotras) _____sois_____ Margarita y Alicia.
3. (Vosotros) _____sois_____ José y María.
4. (Ustedes) _____es_____ María y José.
5. (Ustedes) _____es_____ María Fernández y Andrés López.
6. (Ellos) _____son_____ Margarita y Andrés.
7. (Ellas) _____son_____ María y Alicia.

3. Ponga el pronombre personal correspondiente.

MODELO: *(Yo)* soy José.

1. _____ eres Alicia.
2. _____ sois Pedro y José.
3. _____ somos Alicia y Andrés.
4. _____ soy Margarita.

5. _____ es Laura.

6. _____ son Laura y Carmen.

4. Dé el femenino de estas palabras.

MODELO: el gato ➤ la *gata.*

el hermano ➤ la _____

el amigo ➤ la _____

el hijo ➤ la _____

el chico ➤ la _____

el alumno ➤ la _____

el portero ➤ la _____

el niño ➤ la _____

5. Fórmulas de cortesía. Lea estas expresiones de saludo y despedida y úselas en contextos similares

—¡*Buenos días,* D. (don) Pedro!

—¡*Hasta mañana,* Dª (doña) Carmen!

—¡*Buenas tardes,* señor!

—¡*Adiós,* señorita! / ¡Srta. Gómez!

—¡*Hola,* John!

—¡*Buenas noches,* Sra. (señora) González!

—¡*Hasta luego,* Sr. (señor) Fernández!

APUNTES DE CLASE

6. Ponga el pronombre personal correspondiente.

Modelo: *(él)* / *(ella)* / *(usted)* } es { Pedro / María } ; { *(ellos)* / *(ellas)* / *(ustedes)* } son María y Manuel.

1. _____ es Alicia.
2. _____ son Pedro y Manuel.
3. _____ es Manuel.
4. _____ son Margarita y Alicia.
5. _____ son María y Manuel.
6 . _____ es Carmen.

7. Presente de *ser*. Ponga *quién* o *quiénes* en estas preguntas.

Modelo: ¿*Quién* es (él)? (Él) *es* Pedro.
¿*Quiénes* son (ellos)? (Ellos) *son* Pedro y Carmen.

1. ¿ _____ es (usted)? (Yo) _____ Carmen.
2. ¿ _____ son (ustedes)? (Nosotras) _____ Alicia y Margarita.
3. ¿ _____ es (ella)? (Ella) _____ Carmen.
4. ¿ _____ son (ellos)? (Ellos) _____ Juan y Pedro.
5. ¿ _____ es (él)? (El) _____ Andrés.
6. ¿ _____ son (ellas)? (Ellas) _____ Carmen y Alicia.

8. Presente de *ser*. Dé un nombre de persona.

Modelo: (Yo) soy Pedro, ¿y tú? *Yo, María.*

1. (Él) es José, ¿y ella? _____
2. (Usted) es Andrés, ¿y ella? _____
3. (Nosotros) somos María y Margarita, ¿y usted? _____

4. (Ellos) son Andrés y Alicia, ¿y vosotros? _____
5. (Ella) es Alicia, ¿y ellos? _____
6. (Vosotras) sois Alicia y María, ¿y él? _____

9. Género (o/a). Dé el masculino de estas palabras.

MODELO: la camarera ⟶ el camarero

la niña ⟶ el _____
la hija ⟶ el _____
la muchacha ⟶ el _____
la novia ⟶ el _____
la tía ⟶ el _____
la amiga ⟶ el _____

10. Lea estos números.

MODELO: 5 = cinco.

0.
1.
2.
3.
4.
5.

11. Identifique los nombres de los países de la izquierda con los adjetivos correspondientes de la derecha.

Japón   francés
España   colombiano
Italia   inglés
Francia   español
Colombia   chino
Inglaterra   alemán
China   italiano
Alemania   japonés

Unidad tres

12. Presente de *ser*. Pregunte con *quién* o *quiénes* y la forma correspondiente del verbo *ser*.

MODELO: Yo soy Andrés y $\begin{cases} \text{tú } \textit{¿quién eres?} \\ \text{usted } \textit{¿quién es?} \end{cases}$

1. Nosotros somos Juan y María y ellos _____ _____
2. Ella es Margarita y ustedes _____ _____
3. Vosotros sois Pedro y Alicia y él _____ _____
4. Ellos son Andrés y Carmen y usted _____ _____
5. Tú eres Manuel y ella _____ _____
6. Vosotras sois Carmen y Alicia y tú _____ _____
7. Yo soy María y tú _____ _____

13. Dé la forma adecuada del presente de *ser*

MODELO: Él *es* árabe.

1. Tú _____ italiano.
2. Ella _____ española.
3. Yo _____ inglés.
4. Usted _____ americano.
5. Él _____ japonés.

14. Ponga *no* y la forma adecuada del presente de *ser*.

MODELO: Él *no es* árabe.

1. Antonio _____ francés.
2. Tú _____ chino.

3. Yo _____ americano.

4. John _____ español.

5. Alí _____ japonés.

15. Dé el femenino.

MODELO: el profesor ➤ la profesora.

el pintor ➤ la _____

el león ➤ la _____

el ladrón ➤ la _____

el señor ➤ la _____

el lector ➤ la _____

el conductor ➤ la _____

16. Lea estos números.

6.

7.

8.

9.

10.

17. Fórmulas de cortesía. Rellene los puntos con la fórmula adecuada, según el contexto: *por favor, perdón, de nada, gracias.*

MODELO: ¿Un cigarrillo? ➤ Sí/No, *gracias.*

1. ¿Un vaso de vino? ➤ Sí, por _favor_

2. ¡Muchas gracias! ➤ ¡De _nada_!

3. ¡_Perdón_! ¿Es usted Carmen?

4. ¿Café? ➤ No, _gracias_

5. ¿Un taxi? ➤ Sí, por _favor_

6. ¡_Perdón_, no comprendo!

Unidad cuatro

18. Ponga la forma adecuada del presente de *ser* y *usted*.

MODELO: *¿Es usted* español/a? $\begin{cases} Sí. \\ No. \end{cases}$

1. ¿_____ _____ inglés? _____
2. ¿_____ _____ ruso? _____
3. ¿_____ _____ alemán? _____
4. ¿_____ _____ mejicano? _____
5. ¿_____ _____ francés? _____
6. ¿_____ _____ japonés? _____
7. ¿_____ _____ americano? _____

19. Ponga *no* y la forma apropiada del presente de *ser*.

MODELO: ¿*No es* usted Antonio? *Sí/No.*

1. ¿_____ _____ él americano? _____
2. ¿_____ _____ usted alemán? _____
3. ¿_____ _____ yo árabe? _____
4. ¿_____ _____ Manuel mejicano? _____
5. ¿_____ _____ tú Juan? _____
6. ¿_____ _____ ella italiana? _____
7. ¿_____ _____ usted belga? _____

20. Artículo indeterminado. Ponga *un* o *una* delante de estas palabras.

MODELO: *un* bolígrafo / *una* casa.

_____ libro   _____ teléfono
_____ chaqueta   _____ mesa

_____ camisa   _____ cuadro

_____ cigarrillo   _____ lápiz

_____ silla   _____ libreta

21. Lea estos números.

MODELO: 13 = *trece.*

11.

12.

13.

14.

15.

22. Léxico. Comidas y bebidas. Elija la palabra que corresponda: *pescado, fruta, verdura, bebida.*

fish   fruit

vegtables drink

MODELO: La sardina es *un pescado.*

1. El plátano es una __pescado__

2. La lechuga es una __verdura__

3. La leche es una __bebida__

4. El atún es un __pescado__

5. El agua es una __bebida__

6. La naranja es una __fruta__

7. La coca-cola es una __bebida__

8. El vino es una __bedida__

9. La cerveza es una __bebda__

23. Nombres de países y ciudades. Rellene los puntos con el nombre de la ciudad correspondiente de la columna de la derecha.

1. La capital de Portugal es _____   Roma.

2. La capital de Italia es _____   Moscú.

3. La capital de Grecia es _____   Lisboa.

4. La capital de Rusia es _____   Atenas.

5. La capital de Polonia es _____   Varsovia.

6. La capital de Francia es _____   París.

7. La capital de Japón es _____   Tokio.

Unidad cinco

24. Dé la forma apropiada del presente de *estar*.

MODELO: Yo *estoy* aquí/allí.

Soy
eres
es
somos
sois
son

1. (Tú) ___eres___ aquí.
2. (Él) ___es___ allí.
3. (Usted) ___es___ aquí.
4. (Ella) ___es___ allí.
5. (Yo) ___soy___ aquí.

25. Dé la forma apropiada del presente de *estar*.

MODELO: Nosotros *estamos* aquí/allí.

1. (Vosotros) _____ aquí.
2. (Vosotras) _____ allí.
3. (Ustedes) _____ aquí.
4. (Ellos) _____ allí.
5. (Ellas) _____ aquí.

26. *Estar* (omisión). Ponga la forma contraria, según el modelo.

MODELO: (Yo) estoy *aquí*, ¿y tú? *Yo, allí.*

1. Peter está *allí*, ¿y Dominique? _____ _____
2. Usted está *aquí*, ¿y Vladimir? _____ _____
3. Greta y yo estamos *allí*, ¿y Sara? _____ _____
4. Sebastián y Eva están *aquí*, ¿y François? _____ _____
5. Lilian está *allí*, ¿y usted? _____ _____
6. Vosotras estáis *aquí*, ¿y ellas? _____ _____

27. Artículo indeterminado. Ponga *un* o *una* delante de estas palabras.

_____ cocina   _____ autobús

_____ periódico   _____ silla

_____ tienda   _____ lápiz

_____ vaso   _____ goma

_____ película   _____ boca

28. Ponga estas palabras en plural, según el modelo.

MODELO: { el zapato / *los* zapatos
             la camisa / *las* camisas

el camino / _____ _____   el pie   / _____ _____

la rosa   / _____ _____   el sofá   / _____ _____

la isla   / _____ _____   la mano / _____ _____

el café   / _____ _____   la niña   / _____ _____

la pierna / _____ _____   el papá   / _____ _____

29. Lea y escriba estos números.

16.

17.

18.

19.

20.

30. Asocie los siguientes nombres de alimentos con los conceptos *animal, mineral* o *vegetal*.

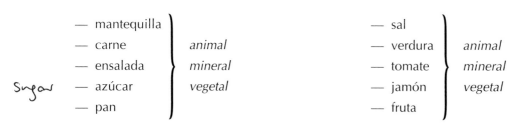

— mantequilla
— carne   *animal*
— ensalada   *mineral*
Sugar — azúcar   *vegetal*
— pan

— sal
— verdura   *animal*
— tomate   *mineral*
— jamón   *vegetal*
— fruta

APUNTES DE CLASE

Unidad seis

31. *Dónde* y presente de *estar*. Haga según el modelo.

MODELO: ¿*Dónde* estás (tú)? ➤ (Yo) *estoy* aquí.

1. ¿ _____ está Juan? ➤ _____ allí.
2. ¿ _____ están ellos? ➤ _____ aquí.
3. ¿ _____ estáis? ➤ _____ aquí.
4. ¿ _____ estás? ➤ _____ allí.
5. ¿ _____ estamos? ➤ _____ aquí.
6. ¿ _____ está Helga? ➤ _____ allí.
7. ¿ _____ está usted? ➤ _____ aquí.

32. Forma negativa de *estar*. Haga según el modelo.

MODELO: Jim *no* está *en* Londres.

1. Jules _____ está _____ Tokio.
2. Irene y María _____ están _____ Roma.
3. Tú _____ estás _____ Madrid.
4. Elena y tú _____ estáis _____ Nueva York.
5. Carmen y usted _____ están _____ Sevilla.
6. Yo _____ estoy _____ Buenos Aires.

33. Forma interrogativa-negativa del presente de *estar*. Haga según el modelo.

MODELO: ¿*No está* Andrés en Inglaterra? ➤ *Sí/No.*

1. ¿ _____ nosotros en España? ➤ _____
2. ¿ _____ Helga y Jim en Suiza? ➤ _____
3. ¿ _____ vosotros en Turquía? ➤ _____

4. ¿ _____ tú en Argentina? ➝ _____

5. ¿ _____ Sara y Dominique en Portugal? ➝ _____

6. ¿ _____ yo en Brasil? ➝ _____

34. Ponga el presente de *estar* con *bien* o *mal*.

MODELO: (Yo) no *estoy bien/mal*.

1. Tú no _____ _____

2. Alicia _____ _____

3. Ustedes _____ _____

4. Jim y tú _____ _____

5. Usted y Mao _____ _____

6. Yoko y vosotros no _____ _____

35. Número. Ponga estas palabras en plural.

el mundo   / _____ _____   la iglesia / _____ _____

el cuaderno / _____ _____   la vida   / _____ _____

el té   / _____ _____   el chico   / _____ _____

la página   / _____ _____   la señora / _____ _____

el negocio / _____ _____   el coche / _____ _____

36. Adjetivos de colores. Complete estas frases con los colores más adecuados: *blanco, negro, amarillo, azul, verde, rojo, gris.*

— La nieve es __blanco__ (snow)

— El plátano es __amarillo__ (bannanah)

— La verdura es __verde__

— La sangre es __rojo__ (blood)

— Las nubes son __grises__ (Clouds)

— La noche es __negra__

— El cielo es __azul__ (sky)

— Las naranjas son __amarillas__

— El mar es __azul.__

— La hierba es __verde__ (grass)

(yellow, blue, green, red, grey)

Unidad siete

37. Ponga la forma adecuada del presente de *estar* y *cómo*.

MODELO: ¿*Cómo está* usted? ➝ *Estoy* bien/mal.

1. ¿_____ Bruno? ➝ _____ mal.
2. ¿_____ tú? ➝ _____ bien.
3. ¿_____ Alí y vosotros? ➝ _____ mal.
4. ¿_____ usted y ellas? ➝ _____ bien.
5. ¿_____ Cathy y Frank? ➝ _____ bien.
6. ¿_____ tú y Mara? ➝ _____ bien.

38. Lea las respuestas y haga la pregunta correspondiente con el presente de *estar*.

MODELO: ¿*Cómo están ustedes?* ➝ Estamos bien.

1. ¿_____ _____ _____ y _____ ? ➝ Pedro y María están bien.
2. ¿_____ _____ _____ ? ➝ Nosotras estamos mal.
3. ¿_____ _____ _____ ? ➝ Antonio y Federico están bien.
4. ¿_____ _____ _____ ? ➝ Estoy bien.
5. ¿_____ _____ _____ ? ➝ Estoy mal.
6. ¿_____ _____ _____ ? ➝ Vosotras estáis bien.

39. Número del sustantivo. Singular-plural.

MODELO: { el país / *los* paí*ses*.
        { la nación / *las* nacio*nes*.

el papel / _____   la canción / _____
la razón / _____   el examen / _____
el bar / _____   el dolor / _____
el olor / _____   la opinión / _____
el reloj / _____   el andén / _____

40.

Demostrativos. Ponga *este, esta, estos, estas*, según el caso.

MODELO: *esta* casa

_____ amiga.   _____ gato.

_____ llaves.   _____ trenes.

_____ árboles.   _____ plátanos.

_____ calle.   _____ billete.

_____ dinero.   _____ chicas.

41.

Diga el nombre de los meses correspondientes.

Los meses de la *primavera* son:
- _____ marzo
- _____ septiembre
- _____ junio

Los meses del *verano* son:
- _____ mayo
- _____ agosto
- _____ julio
- _____ abril

APUNTES DE CLASE

Unidad ocho

42. Presente de *tener*. Ponga la forma adecuada.

1. Juan ___tiene___ dos hermanos mayores.
2. Mis hijas ___tienen___ tres muñecas.
3. Yo ___tengo___ un coche muy viejo.
4. Usted no ___tiene___ diez francos.
S. Tú ___tienes___ mi teléfono.
6. La fábrica ___tiene___ veinte obreros.
7. Vosotros ___tenéis___ nuestra radio.
8. Los profesores ___tienen___ vacaciones largas.

43. Forma interrogativa del presente de *tener*. Lea estas preguntas y conteste *sí* o *no*.

1. ¿Tienes el cuaderno? (book)? _exercise book._
2. ¿Tiene usted esta dirección? _address_
3. ¿Tenéis vosotras las gafas? _glasses_
4. ¿Tienen ustedes la maleta? _bag._
5. ¿Tiene mamá una nevera? _fridge_
6. ¿Tiene Pedro un televisor? _____
7. ¿Tengo yo dinero? _____

44. Número del sustantivo. Singular-plural.

la verdad	/ _____ _____	el bombón	/ _____ _____
el balón	/ _____ _____	el calor	/ _____ _____
la ciudad	/ _____ _____	la lección	/ _____ _____
el amor	/ _____ _____	el dolor	/ _____ _____
la pared	/ _____ _____	la sociedad	/ _____ _____

45. Demostrativos. Ponga *este,-a, -os, -as*, según los casos.

_____ alumnos.   _____ mano.

_____ días.   _____ sofás.

_____ plato.   _____ señoritas.

_____ pueblo.   _____ clase.

_____ camas.   _____ carne.

46. Haga la pregunta correspondiente a estas frases con *dónde*.

MODELO: El metro está allí. ➤ ¿*Dónde* está el metro?

1. La iglesia está en la plaza. ➤ ¿ _____

2. El mercado está en esta calle. ➤ ¿ _____

3. La parada del autobús está en la esquina. ➤ ¿ _____

4. La escuela está en el centro. ➤ ¿ _____

5. El hospital está allí. ➤ ¿ _____

6. La parada de taxis está en la Plaza Mayor. ➤ ¿ _____

7. La estación está en el centro de la ciudad. ➤ ¿ _____

8. El buzón está en la acera. ➤ ¿ _____

47. Diga el nombre de los meses correspondientes.

Los meses del *otoño son:*
⎰ _____
⎱ _____
  _____
  _____

Los meses del *invierno* son:
⎰ _____
⎱ _____
  _____
  _____

Unidad nueve

48. Verbos en -ar. Conjugue el presente de estos verbos.

hablar:	hablo	hablas	habla	heblamos	hablais	heblan
trabajar:	trabajo	trabajas	trabaja	trabajamos	trabajais	trabajan
estudiar:	estudio	estudias	estudia	estudiamos	estudiais	estudian
(look at) mirar:	miro	mirias	miria	mirianos	miriais	mirian
Sing cantar:	Canto	cantas	Canta	Cantamos	Cantais	Cantan
dance. bailar:	bailo	bailas	baila	bailamos	bailais	bailan

49. Presente regular en -ar.

1. Yo (comprar) __Compro__ los bocadillos allí.
2. (Nosotros-estudiar) __estudiamos__ español y alemán.

Take → 3. ¿(Tomar) __toma__ usted café?

4. ¿(Trabajar) __trabaja__ tu hermano en esa oficina?
5. Mi secretaria (hablar) __habla__ cuatro idiomas.
6. (Ellas) no (usar) __usan__ gafas.
7. Tú (bailar) __bailas__ mucho. Dance
8. Nosotras (mirar) __miramos__ las fotos.

50. Conjugue el presente de estos verbos.

(to eat) comer:	como	comes	come	comemos	comeis	comen
(to leen) aprender:	aprendo	aprendes	aprende	aprendemos	aprendeis	aprenden
(to understand) comprender:	Comprendo	Comprendes	Comprende	Comprendema	Comprendeis	comprenden
(to drink) beber:	bebo	bebes	bebe	bebemos	bebemeis	heben
(to run) correr:	Corro	Corres	Corre	Corremos	Correis	Corren

51. Verbos en -er. Complete estas formas en el presente.

1. Vosotros com __eis__ carne y pescado.
2. Ellos no beb __en__ vino en las comidas.
3. (Yo) le __o soy__ el periódico todos los días.
4. ¿No v __ee__ usted la televisión?
5. ¿Comprend __es__ (tú) esta pregunta?
6. ¿Qué aprend __en__ (ellas) en la escuela?

[notas manuscritas:]
8 - El desayuno → desayunar
11 - El almuzo → almorzar
2'30 - la comida → comer
6'30 - la merienda → merendar
9'30 - la cena → cenar

52. Demostrativos. Ponga ese, esa, esos, esas, según los casos.

MODELO: ese avión

_____ barco.   _____ tiendas.
_____ coches.   _____ aceras.
_____ jardín.   _____ parque.
_____ lámparas.   _____ chismes.
_____ hermana.   _____ montaña.

53. Modismos con tener. Use la palabra adecuada de la columna de la derecha.

MODELO: Él bebe mucho; tiene sed.

1. En invierno tenemos _____   sed
2. En verano tenemos _____   hambre
3. Usted come mucho; ¿tiene _____ ?   frío
4. Ella no bebe agua; no tiene _____ calor
5. Gana mucho dinero; tiene _____   razón
6. Ellas dicen la verdad; tienen _____ suerte

54. Conteste a las siguientes preguntas con las expresiones del ejercicio anterior.

MODELO: ¿Por qué bebe mucho? → Porque tiene sed.

1. ¿Por qué lleva usted abrigo? → Porque _____
2. ¿Por qué no comes? → Porque no _____
3. ¿Por qué no llevas chaqueta? → Porque _____
4. ¿Por qué gana (él) dinero? → Porque _____
5. ¿Por qué no beben? → Porque _____
6. ¿Por qué insistís? → Porque _____

Unidad diez

55. Verbos en *-ir*. Conjugue el presente de estos verbos.

write escribir: escribo / escribes / escribe / escribimos / escribís / escriben

live vivir: vivo / vives / vive / vivimos / vivís / viven

to open abrir: abro / abres / abre / abrimos / ~~abrimos~~ abrís / abren

to carry out cumplir: Cumplo / cumples / cumple / cumplimos / cumplís / cumplen

recibir: recibo / recibes / recibe / recibimos / recibís / reciben

to recieve

56. Verbos en *-ir*. Presente. Una el pronombre con la forma verbal adecuada de la derecha.

yo	abrís	reciben
tú	escribimos	vivís
él, ella, usted	suben	abre
nosotros, -as	recibes	escribes
vosotros, -as	vivo	subimos
ellos, ellas, ustedes	escribir	abre

57. Género. Masculinos en *-a* y femeninos en *-o* (casos especiales).

MODELO: *la* mano / *el* clima.

_____ día.		_____ radio.
_____ foto.		_____ idioma.
_____ problema.		_____ mapa.
_____ programa.		_____ clima.
_____ telegrama.		_____ sistema.
_____ moto.		_____ tema.

58. Número. Singular-plural.

MODELO: *el* lunes / *los* lunes (sin cambio).

_____ martes / _____ martes.

_____ miércoles / _____ miércoles.

_____ jueves / _____ jueves.

_____ paraguas / _____ paraguas.

_____ cumpleaños / _____ cumpleaños.

_____ viernes / _____ viernes.

59. Demostrativos. Ponga *ese, -a, -os, -as,* según los casos.

_____ casa.

_____ hombres.

_____ juguete.

_____ cabezas.

_____ cocina.

_____ mano.

_____ clima.

_____ idiomas.

_____ fotos.

_____ problemas.

60. Ejercicio de recopilación de léxico. Haga frases con las siguientes palabras o expresiones.

adiós

de nada

por favor

lechuga

chino

chisme

buenos días

pescado

colombiano

Londres

Lisboa

tener razón

61. Haga lo mismo que en el ejercicio anterior.

tener suerte

febrero

tener sed

mantequilla

abril

azúcar

gris

septiembre

azul

plátano

tener dolor

hierba

Unidad once

62. Presente *(e/ie)*. Conjugue según el modelo.

MODELO: cerrar: cierro - cierras - cierra - cerramos - cerráis - cierran.

start	empezar:	empiezo	empiezas	empieza	*empez* amos	empezais	empiezan
think	pensar:	pienso	piensas	piensa	pensamos	pensais	piensan
hot	calentar:	caliento	calientas	calienta	calentamos	calentais	calientan
wake up	despertar:	despierto	despiertas	despierta	despertamos	despertais	despierta

63. Presente *(e/ie)*. Conjugue según el modelo.

to lie

MODELO: mentir: miento - mientes - miente - mentimos - mentís- mienten.

to want	querer:	quiero	quieres	quiere	queremos	quer eis	quier en
understand	entender:	entiendo	entiendes	entiende	entenemos	endendeis	endienden
prefer	preferir:	prefiero	prefieres	prefiere	preferamos	preferis	prefieris
to loose	perder:	pierdo	pierdes	pierde	perdemos	perdeis	pierden

64. Presente *(e/ie)*. Dé la forma adecuada.

Close/shut

1. ¿Por qué (cerrar) __cierras__ (tú) la puerta? door
2. (Nosotros-empezar) __empezamos__ la lección 20.
3. (Yo-pensar) __pienso__ en las vacaciones todos los días.
4. ¿No (calentar) __calientas__ (tú) el agua del baño? bath
5. (Ellos) no (perder) __pierden__ el tiempo.
6. ¿(Entender) __entendeis__ (vosotros) italiano?
7. (Ella) no (querer) __quiere__ postre. dessert
8. Enrique (mentir) __mientes__
9. ¿(Preferir) __prefiere__ (usted) la playa al campo.
10. (Tú-defender) __defiendes__ a tus colegas.

65. Demostrativos. Ponga *aquel, aquella, aquellos, aquellas*, según el caso.

MODELO: *aquel* botón.

_____ lección.   _____ silla.

_____ cajón.   _____ ventanas.

_____ periódicos.   _____ sombrero.

_____ plazas.   _____ blusas.

_____ carne.   _____ teléfono.

_____ libro.   _____ tejados.

_____ árboles.   _____ carretera.

66. Lea estos números.

MODELO: 30 = *treinta.*

30.	40.	50.
60.	70.	80.
90.	100.	1.000.

67. Expresiones y exclamaciones. Coloque la expresión más apropiada de la columna de la derecha en las siguientes frases.

MODELO: { A) Mañana tengo un examen.
          { B) *¡Buena suerte!*

1. A) Papá está muy mal.
   B) ¡Lo _Siento_ !

2. A) ¡Juan, ésta es María!
   B) ¡ _Encantado_ !

3. A) ¿Cierro la puerta?
   B) ¡Un _momento_ !

4. A) Este coche es muy caro.   *Money*
   B) ¡No _importa_ ! Tengo dinero.

5. A) Mañana llego a Londres.
   B) ¡Buen _Viaje_ !

6. A) Nos vemos esta tarde.
   B) ¡ _Vale?_ !

¡No importa!

¡Un momento!

¡Lo siento!

¡Encantado!

¡Buena suerte!

¡Buen viaje!

¡Vale!

Unidad doce

68. Presente *(o/ue)*. Conjugue según el modelo.

MODELO: morir: muero – mueres – muere – morimos – morís – mueren.

to Cut out
recordar: recuerdo / recuedas / recuerda / recordamos / recordais / recuerdan

to return volver: Vuelvo / Vuelves / Vuelve / volvemos / Volvéis / Vuelvan

to sleep dormir: duermo / duesmes / duerme / dormimos / dormeis / duerman

volar: Vuelo / vuelas / Vuela / Volamos / Volais / Vuelan

to fly/to blow up

69. Presente *(e/i)*. Conjugue según el modelo.

ask for / request.

MODELO: pedir: pido - pides - pide - pedimos - pedís - piden.

repetir: repit o / repites / repit e / repetimos / repetis / Repiten

seguir: Siguo / sigues / sigue / seguimos / seguis / siguen

servir: Sirvo / Sirves / sirve / servimos / servis / sirven

despedir: despido / despites / despite / despedimos / despedis / despiden

70. Conjugue el presente de estos verbos. Observe la alternancia *(g/j y c/z)*.

to Catch cojo
coger: zoijo / cog es / coge / cogemos / cogeis / cogen

to win vencer: Venzo / vences / Vence / vencemos / Vencéis / Vencen

exigir: exijo / exiges / exige / exigimos / exigeis / exigen

proteger: protejo / proteges / protese / protegemos / protegeis / protegen

demand / require

71. Demostrativos. Ponga *aquel, -lla, -llos, -llas*, según los casos.

_____ letras.   _____ platos.

_____ zapato.   _____ flor.

_____ página.   _____ calcetines.

_____ países.   _____ ventana.

_____ curso.   _____ tema.

72. Lea estos números.

23.	22.
48.	56.
89.	77.
66.	99.
33.	62.

73. Artículo indeterminado *(un/una)*.

MODELO: *un* amigo / *una* amiga.

_____ ciudad.   _____ río.

_____ manzana.   _____ naranja.

_____ lápiz.   _____ flor.

_____ pluma.   _____ piedra.

_____ pez.   _____ playa.

_____ calle.   _____ plaza.

_____ cafetería.   _____ bar.

74. Conteste a las siguientes preguntas con un infinitivo apropiado al contexto.

MODELO: ¿Para qué sirve un lápiz? ➤ Para *escribir*.

1. ¿Para qué sirve un vaso? ➤ _____

2. ¿Para qué sirve el dinero? ➤ _____

3. ¿Para qué sirve un periódico? ➤ _____

4. ¿Para qué sirven las piernas? ➤ _____

5. ¿Para qué sirve una llave? ➤ _____

6. ¿Para qué sirve el teléfono? ➤ _____

7. ¿Para qué sirve una cama? ➤ _____

8. ¿Para qué sirve un balón? ➤ _____

9. ¿Para qué sirve la cabeza? ➤ _____

10. ¿Para qué sirven el cuchillo y el tenedor? ➤ _____

Unidad trece

75. Presente *(c/zc)*. Conjugue según el modelo.

MODELO: conocer: conozco - conoces - conoce - conocemos - conocéis – conocen.

drive conducir: conduzco / conduces / conduce / conducimos / conducís / conducen

translate traducir: traduzco / traduces / traduce / traducimos / traducís / traducen

be grateful agradecer: agradezco / agradeces / agradece / agradecimos / agradecís / agradecen

offer ofrecer: ofrezco / ofreces / ofrece / ofrecimos / ofrecís / ofrecen

76. Conjugue el presente irregular de estos verbos *(i/y)*.

to build construir: construyo / construyes / construye / construimos / construís / construyen

destruct destruir: destruyo / destruyes / destruye / destruimos / destruís / destruyen

to escape huir: huyo / huyes / huye / huimos / huis / huyen

77. Conjugue el presente irregular de este verbo *(u/ue)*.

jugar: _____ / _____ / _____ / _____ / _____ / _____

78. Demostrativos. Complete las palabras, según el modelo.

MODELO: est-a pared.

es _____ fiestas.   aqu _____ museo.

est _____ hospitales.   es _____ taberna.

aqu _____ fruta.   est _____ mercados.

aqu _____ bancos.   es _____ estación.

est _____ escuelas.   es _____ cine.

aqu _____ fábricas.   est _____ trabajo.

79. Género y número del adjetivo. Complete las palabras, según el modelo.

MODELO: Mujeres alt-*as*.

1. La niña es guap _____
2. Estos problemas son nuev _____
3. Camisas bonit _____
4. Un traje negr _____
5. Este chico es simpátic _____
6. La canción modern _____
7. Coche car _____
8. Un postre barat _____
9. Nubes blanc _____
10. Un hombre gord _____

80. Expresión de la hora. Lea estas frases, según el modelo.

Son las 17.00 = Son las *cinco de la tarde*.
Son las 11.15 = Son las *once y cuarto de la mañana*.

Son las 20.
Es la 1.25.
Son las 6.40.
Son las 2.30.
Son las 22.30.
Son las 23.50.
Son las 10.25.
Son las 12.45.

81. Expresión de la hora con *ser*. Lea las siguientes frases.

1. ¿Qué hora es? ⟶ Es la 1.
2. ¿Qué hora es? ⟶ Son las 2.
3. ¿Qué hora es? ⟶ Son las 7.30.
4. ¿Qué hora es? ⟶ Son las 5.25.
5. ¿Qué hora es? ⟶ Son las 3.15.
6. ¿Qué hora es? ⟶ Son las 8.45.
7. ¿Qué hora es? ⟶ Son las 6.35.
8. ¿Qué hora es? ⟶ Son las 4.10.

82. Haga preguntas correspondientes a estas respuestas. Elija la forma interrogativa adecuada.

MODELO: *La pizarra* está en la pared. ➤ ¿Dónde está la pizarra?

1. La *pizarra* es negra. ➤ ¿ _____   ¿De quién?
2. El *diccionario* es inglés-español. ➤ ¿ _____   ¿Dónde?
3. El *libro* es del profesor. ➤ ¿ _____   ¿De qué?
4. Esa *tiza* es amarilla. ➤ ¿ _____   ¿Para qué?
5. El *pupitre* está aquí. ➤ ¿ _____   ¿De qué?
6. La *papelera* sirve para tirar papeles. ➤ ¿ _____

APUNTES DE CLASE

Unidad catorce

83.
Conjugue el presente irregular de estos verbos.

dar: *to give*
DOY / DAS / DA / DAMOS / DAIS / DAN

ir: *to go*
VOY / VAS / VA / VAMOS / VAIS / VAN.

hacer: *to do*
HAGO / HACES / HACE / HACEMOS / HACEIS / HACEN.

venir: *to come*
VENGO / VIENES / VIENE / VENIMOS / VENIS / VIENEN.

84.
Conjugue el presente irregular de estos verbos.

oír: *to hear put*
OYGO / OYES / OYE / OYEMOS / OYEIS / OYEN

poner:
PONGO / PONES / PONE / PONEMOS / PONEIS / PONEN

saber: *to know*
SE / SABES / SABE / SABEMOS / SABEIS / SABEN

caer: *to fall*
CAIGO / CAES / CAE / CAEMOS / CAEIS / CAEN.

85.
Conjugue el presente irregular de estos verbos.

salir: *to go out*
SALGO / SALES / SALE / SALEMOS / SALEIS / SALEN

traer:
TRAIGO / TRAES / TRAE / TRAEMOS / TRAEIS / TRAEN

ver:
VEO / VES / VE / VEMOS / VEIS / VEN

valer:
VALGO / VALES / VALE / VALEMOS / VALEIS / VALEN.

86.
Posesivos. Ponga *mi, mis,* según el caso.

MODELO: *mi* bolígrafo.

_____ cuenta.   _____ bolsillos.

_____ diccionario.   _____ paquete.

_____ cajas.   _____ vestido.

_____ reloj.   _____ corbatas.

_____ copas.   _____ cuchara.

87. Género del adjetivo. Formación del femenino con -a.

MODELO: producto español ➤ casa española.

1. campo inglés   ➤ política _____
2. vino francés   ➤ ciudad _____
3. coche alemán   ➤ ciencia _____
4. café irlandés   ➤ canción _____
5. tren japonés   ➤ técnica _____
6. baile andaluz   ➤ catedral _____
7. hombre hablador   ➤ mujer _____
8. obrero trabajador ➤ obrera _____

88. Pronombres personales. Dé la forma del pronombre apropiado, según el modelo.

MODELO: me ➤ _yo._

te ➤
lo ➤
la ➤

89. Pronombres personales. Dé la forma del pronombre apropiado, según el modelo.

MODELO: nosotros, -as ➤ _nos._

vosotros, -as ➤
ellos ➤
ellas ➤
ustedes ➤

90. Demostrativos. Haga según el modelo.

MODELO:
{ _(aquí)_ ➤ _este_ libro.
{ _(ahí)_ ➤ ese libro.
{ _(allí)_ ➤ _aquel_ libro.

(aquí) ➤ _____ muebles.
(allí) ➤ _____ maleta.

(ahí)	➤ _____	jabón.
(aquí)	➤ _____	negocios.
(ahí)	➤ _____	medicinas.
(aquí)	➤ _____	sellos.
(allí)	➤ _____	caballos.
(ahí)	➤ _____	falda.

91. Expresión de la hora. Conteste a estas preguntas.

MODELO: ¿A qué hora sale el tren? ～ A las 21.30 (veintiuna treinta / nueve y media de la noche).

1. ¿A qué hora llega el avión? ～
2. ¿A qué hora abren los bancos? ～
3. ¿A qué hora cierran las tiendas? ～
4. ¿A qué hora abre Correos? ～
5. ¿A qué hora sale el barco? ～
6. ¿A qué hora llega el tren? ～

APUNTES DE CLASE

Unidad quince

92. Conjugue el presente irregular de estos verbos.

speak decir: DIGO / DICÉS / DICE / DICEMOS / DICIS / DICEN
to be able poder: PUEDO / PUEDES / PUEDE / PODEMOS / PODEIS / PUEDEN
to put poner: PONGO / PONES / PONE / PONEMOS / PONEIS / PONEN

93. Conjugue el presente irregular de este verbo.

haber: he / has / ha / hemos / habéis / han

94. Género. Masculino y femenino en -e.

MODELO: *el* aceite ≠ *la* leche.

_____ viaje.   _____ noche.
_____ diente.   _____ nieve
_____ muerte.   _____ chiste.
_____ llave.   _____ pie.
_____ tomate.   _____ sangre.

95. Posesivos. Ponga *tu, tus*, según el caso.

MODELO: *tu* cuchillo.

_____ teléfono.   _____ gafas.
_____ negocios.   _____ calle.
_____ pluma.   _____ máquinas.
_____ puerta.   _____ pisos.
_____ calcetines.   _____ caballo.

96. Género. Adjetivos invariables. Lea estas formas.

MODELO: hombre *pobre* / mujer *pobre*.

Profesor inteligente / profesora inteligente.

Muchacho alegre / muchacha alegre.

Libro interesante / pregunta interesante.

Color gris / pared gris.

Cielo azul / camisa azul.

Ejercicio fácil / respuesta fácil.

Caso importante / palabra importante.

Hombre popular / mujer popular.

97. Contracciones. Ponga *al* o *del* en estas frases.

1. Emilia va _____ colegio.
2. Vengo _____ médico.
3. Esperamos _____ maestro.
4. Él escribe una carta _____ periódico.
5. El mercado _____ pueblo es grande.
6. El clima _____ norte es húmedo.
7. La madrina _____ niño es castellana.
8. Roma está _____ sur de Milán.

98. Uso de *ser*. Lea estas frases.

1. La clase *es a* las 11.30 de la mañana.
2. En este hotel, la comida *es a* las 2 de la tarde.
3. En mi casa, la cena *es a* las 10 de la noche.
4. La conferencia en el club *es a* las 7.30 de la tarde.
5. La reunión *es a* las 11 de la mañana.
6. La corrida de toros *es a* las 5 de la tarde.
7. La salida *es a* las 2 y media.
8. La boda *es a* las diez menos cuarto.

99. Léxico de prendas de vestir. Complete las siguientes frases con la palabra adecuada.

1. Las mujeres usan falda y pantalones; los hombres, _____
2. Las mujeres usan medias; los hombres, _____
3. Las mujeres usan blusa; los hombres, _____
4. Las mujeres usan bragas; los hombres, _____
5. Las mujeres usan vestido; los hombres, _____
6. Las mujeres usan camisón; los hombres, _____

APUNTES DE CLASE

Unidad dieciséis

100. Imperativo. Verbos en *-ar*. Haga según el modelo.

MODELO: estudi*ar* → estudi*a* (tú) / estudi*ad* (vosotros, -as).

tomar → _____ / _____

trabajar → _____ / _____

usar → _____ / _____

hablar → _____ / _____

comprar → _____ / _____

mirar → _____ / _____

cantar → _____ / _____

esperar → _____ / _____

101. Imperativo negativo. Verbos en *-ar*. Haga según el modelo.

MODELO: us*ar* → *no* us*es* (tú) / *no* us*éis* (vosotros, -as).

trabajar → _____ / _____

mirar → _____ / _____

hablar → _____ / _____

tomar → _____ / _____

comprar → _____ / _____

estudiar → _____ / _____

bailar → _____ / _____

fallar → _____ / _____

102. Imperativo. Verbos en *-ar*. Haga según el modelo.

MODELO: trabaj*ar* ≠ trabaj*e* (usted) / trabaj*en* (ustedes)
no trabaj*e* (usted) / *no* trabaj*en* (ustedes).

estudiar → _____ / _____

_____ / _____

comprar ➝ _____ / _____
              _____ / _____

hablar   ➝ _____ / _____
              _____ / _____

usar   ➝ _____ / _____
              _____ / _____

mirar   ➝ _____ / _____
              _____ / _____

tomar   ➝ _____ / _____
              _____   _____

103. Género de nombres terminados en –l.

MODELO: *el* mal ≠ *la* piel.

_____ cárcel.   _____ árbol.
_____ sal.   _____ postal.
_____ hotel.   _____ hostal.
_____ portal.   _____ señal.
_____ papel.   _____ animal.

104. Posesivos. Ponga *nuestro, nuestra, nuestros, nuestras,* según el caso.

MODELO: *nuestra* iglesia.

_____ tenedores.   _____ tazas.
_____ médico.   _____ revista.
_____ nevera.   _____ cajas.
_____ cerveza.   _____ baño.
_____ jabón.   _____ escaleras.

105. Artículo indeterminado. Ponga estas palabras en plural.

Un plato gallego. ➝
Una noche oscura. ➝
Una tienda céntrica. ➝
Un tomate verde. ➝
Una cosa corriente. ➝
Un producto natural. ➝
Una mesa ancha. ➝
Una noticia importante. ➝
Un señor amable. ➝

106. Expresión del peso y la medida. Lea estas frases.

1. Jorge mide 1.80 metros.
2. Luisa pesa 55 kilos.
3. Granada está a 430 kilómetros de Madrid.
4. ¿Cuánto pesas? — Peso 75 kilos.
5. Esta habitación mide 6 metros de largo.
6. La mesa tiene 1 metro de ancho.
7. La torre de la iglesia mide 40 metros de alto.
8. En esta piscina caben 20.000 litros de agua.
9. Estos filetes pesan 300 gramos.
10. El camión carga 10 toneladas.

107. Antónimos de adjetivos. Identifique los correspondientes de cada columna.

feo   ≠ corto
largo   ≠ gordo
alto   ≠ estrecho
delgado ≠ guapo (bonito)
ancho   ≠ bajo
triste   ≠ alegre (contento)

APUNTES DE CLASE

Unidad diecisiete

108. Imperativo. Verbos en -er. Haga según el modelo.

MODELO: beber ➤ bebe (tú) / bebed (vosotros, -as).

comprender ➤ _____ / _____

aprender ➤ _____ / _____

meter ➤ _____ / _____

comer ➤ _____ / _____

leer ➤ _____ / _____

correr ➤ _____ / _____

ceder ➤ _____ / _____

109. Imperativo negativo. Verbos en -er. Haga según el modelo.

MODELO: meter ➤ no metas (tú) / no metáis (vosotros, -as).

beber ➤ _____ / _____

aprender ➤ _____ / _____

leer ➤ _____ / _____

comprender ➤ _____ / _____

correr ➤ _____ / _____

comer ➤ _____ / _____

ceder ➤ _____ / _____

110. Imperativo. Verbos en -er. Haga según el modelo.

MODELO: ⎰ aprender aprenda (usted) / aprendan (ustedes).
⎱ no aprenda (usted) / no aprendan (ustedes).

leer ➤ _____ / _____

_____ _____

beber ➤ _____ / _____

_____ _____

comprender ⟶ _____ / _____
_____   _____

comer ⟶ _____ / _____
_____   _____

correr ⟶ _____ / _____
_____   _____

meter ⟶ _____ / _____
_____   _____

111. Pronombres personales. Ponga el pronombre correspondiente, según el modelo.

MODELO: (A mí) { *me* gusta Julio Iglesias (personas).
me gusta dormir (infinitivos).
me gusta la paella (cosas).

1. (A él) _____ gusta el flamenco.
2. (A ella) _____ gusta andar.
3. ¿No (a usted) _____ gusta la tortilla de patatas?
4. (A nosotros) _____ gusta el calor.
5. ¿(A vosotras) _____ gusta la playa?
6. ¿(A ustedes) _____ gusta Tom Cruise?
7. No (a ellos) _____ gusta el director.
8. (A ti) _____ gusta comer bien.
9. (A vosotros) _____ gusto yo.
10. (A ellos) _____ gustáis vosotras.

112. Posesivos. Ponga *vuestro, vuestra, vuestros, vuestras*, según el caso.

MODELO: *vuestros* padres.

_____ ropa.   _____ papeles.
_____ programa.   _____ costumbre.
_____ exámenes.   _____ leyes.
_____ vacaciones.   _____ rey.
_____ mantel.   _____ manos.

113. Comparación del adjetivo (*más... que*).

MODELO: La Luna es *más* pequeña *que* la Tierra.

1. Este gato es _____ grande _____ tu perro.
2. El día es _____ largo _____ la noche.
3. Un telegrama es _____ caro _____ una carta.

4. El bolígrafo es _____ práctico _____ la pluma.

5. El mercado es _____ viejo _____ la iglesia.

6. Raquel es _____ atenta _____ su prima.

114. Ponga el verbo *gustar* en la forma correcta del presente, según el modelo.

MODELO:
$\begin{cases} \text{Me gustan las vacaciones.} \\ \text{Me gustan los italianos.} \end{cases}$

1. ¿No te _____ estos tomates?

2. No le _____ los políticos.

3. No nos _____ esas tiendas.

4. ¿Os _____ los relojes suizos?

5. Les _____ mucho sus vecinos.

6. ¿Te _____ yo?

115. Lea estas letras del alfabeto.

a	b	c
d	ch	e
f	g	h
i	j	k

APUNTES DE CLASE

Unidad dieciocho

116. Imperativo. Verbos en *-ir*. Haga según el modelo.

MODELO: abr*ir* ➤ abr*e* (tú) / abr*id* (vosotros, -as).

escribir ➤ _____ / _____
recibir ➤ _____ / _____
dividir ➤ _____ / _____
subir ➤ _____ / _____
repartir ➤ _____ / _____
cumplir ➤ _____ / _____

117. Imperativo negativo. Verbos en *-ir*. Haga según el modelo.

MODELO: escrib*ir* ➤ *no* escrib*as* (tú) / *no* escrib*áis* (vosotros -as).

subir ➤ _____ / _____
dividir ➤ _____ / _____
abrir ➤ _____ / _____
repartir ➤ _____ / _____
recibir ➤ _____ / _____
partir ➤ _____ / _____

118. Imperativo. Verbos en *-ir*. Haga según el modelo.

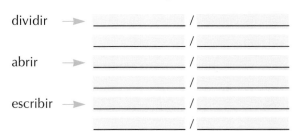

MODELO: sub*ir* ➤ ⎰ sub*a* (usted) / sub*an* (ustedes).
⎱ *no* sub*a* (usted) / *no* sub*an* (ustedes).

dividir ➤ _____ / _____
_____ / _____
abrir ➤ _____ / _____
_____ / _____
escribir ➤ _____ / _____
_____ / _____

recibir → _____ / _____

               _____ / _____

repartir → _____ / _____

               _____ / _____

119. Posesivos. Ponga *su, sus*, según el caso.

MODELO: *su* helado.

_____ sombreros.   _____ tortilla.

_____ muebles.   _____ cama.

_____ jersey.   _____ blusas.

_____ boca.   _____ regalos.

_____ motor.   _____ espejo.

120. Comparación del adjetivo *(tan... como)*.

MODELO: La cerveza (no) es *tan* cara *como* el vino.

1. Marzo es _____ largo _____ julio.
2. El cine no es _____ antiguo _____ el teatro.
3. El bigote no es _____ corriente _____ la barba.
4. El barco no es _____ rápido _____ el avión.
5. Pedro es _____ gordo _____ Juan.
6. Esta chaqueta es _____ elegante _____ el abrigo.
7. Vuestro piso es _____ caro _____ el de Pedro.
8. Sonia no es _____ simpática _____ su hermana.
9. Tu comida es _____ rica _____ la de mamá.
10. Todos somos _____ guapos _____ ellos.

121. Lea estas letras.

i	j	k
l	ll	m
n	ñ	o

122. Expresión del peso y la medida. Conteste a estas preguntas.

1. ¿Cuánto mide la torre de la iglesia? ~
2. ¿A qué distancia está Granada de Madrid? ~
3. ¿Cuánto pesa Luisa? ~

4. ¿Cuánto tiene la mesa de ancho?   ~

5. ¿Cuántos litros de agua caben en esta piscina?   ~

6. ¿Cuánto mide Jorge?   ~

7. ¿Cuánto pesan estos filetes?   ~

8. ¿Cuánto mide esta habitación de largo?   ~

123. **Nombres de animales domésticos. Complete las palabras siguientes con las letras necesarias.**

bu _____ _____ o

cab _____ _____ _____ o

pe _____ _____ o

ga _____ o

va _____ a

gall _____ _____ a

p _____ to

ga _____ _____ o

co _____ _____ jo

═══════════ **APUNTES DE CLASE** ═══════════

Unidad diecinueve

124. Imperativo *(e/ie)*. Repita según el modelo.

MODELO: pens*ar* → { p*i*ensa (tú)   /   p*i*ense (usted).
                         pens*a*d (vosotros, -as) / p*i*ensen (ustedes). }

cerrar → _____ / _____
            _____ / _____

encender → _____ / _____
            _____ / _____

despertar → _____ / _____
            _____ / _____

calentar → _____ / _____
            _____ / _____

confesar → _____ / _____
            _____ / _____

defender → _____ / _____
            _____ / _____

125. Imperativo. Haga el ejercicio anterior en forma negativa, según el modelo.

MODELO: pensar → { *no* p*i*enses (tú)   /   *no* p*i*ense (usted).
                         no pens*é*is (vosotros, -as) / *no* p*i*ensen (ustedes). }

cerrar → _____ / _____
            _____ / _____

encender → _____ / _____
            _____ / _____

despertar → _____ / _____
            _____ / _____

calentar → _____ / _____
            _____ / _____

confesar ➡ _____ / _____
            _____ / _____
defender ➡ _____ / _____
            _____ / _____

126. Número de sustantivos en -z (z>ces).

MODELO: la luz / las luces.

El lápiz / los _____
El pez / los _____
La cruz / las _____
La vez / las _____
La paz / las _____

127. Posesivos. Complete las palabras, según el modelo.

MODELO: nuestr–o amor.

M _____ viajes.
Vuestr _____ pregunta.
T _____ sellos.
Vuestr _____ faldas.
T _____ maletas.
S _____ mujer.
S _____ medicinas.
Nuestr _____ habitación.
S _____ respuesta.
M _____ barcos.
Vuestr _____ espejo.
M _____ cena.

128. Superlativo del adjetivo con muy.

MODELO: Este viaje es barato + barato = muy barato.

1. El problema es difícil + difícil =
2. El aire es puro + puro =
3. La noche es larga + larga =
4. La playa es ancha + ancha =

5. El postre es dulce + dulce =

6. El avión es rápido + rápido =

7. El tráfico es pesado + pesado =

8. La naturaleza es bella + bella =

129. Lea estas letras del alfabeto.

p	q	r
rr	s	t
u	v	w
x	y	z

130. Nombres de establecimientos. Conteste a estas preguntas con el nombre apropiado.

MODELO: ¿Dónde compras el pan?   ~   *En la panadería.*

1. ¿Dónde compras las medicinas?   ~

2. ¿Dónde compras los cigarrillos?   ~

3. ¿Dónde compras los sellos?   ~

4. ¿Dónde compras la carne?   ~

5. ¿Dónde compras el pescado?   ~

6. ¿Dónde compras las herramientas?   ~

7. ¿Dónde compras los libros?   ~

8. ¿Dónde compras los cepillos de dientes?   ~

9. ¿Dónde compras el periódico?   ~

10. ¿Dónde compras el pan?   ~

APUNTES DE CLASE

Unidad veinte

131. Imperativo *(o/ue)*. Repita según el modelo.

MODELO: volver →
$$\begin{cases} \text{vuelve (tú) / vuelva (usted).} \\ \text{volved (vosotros, -as) / vuelvan (ustedes).} \end{cases}$$

recordar → _____ _____
_____ _____

mover → _____ _____
_____ _____

soltar → _____ _____
_____ _____

contar → _____ _____
_____ _____

aprobar → _____ _____
_____ _____

encontrar → _____ _____
_____ _____

132. Imperativo negativo. Haga el ejercicio anterior, según el modelo.

MODELO: volver →
$$\begin{cases} \textit{no} \text{ vuelvas (tú)} \quad / \textit{ no} \text{ vuelva (usted).} \\ \textit{no} \text{ volváis (vosotros, -as) } / \textit{ no} \text{ vuelvan (ustedes).} \end{cases}$$

133. Posesivos. Ponga *mío, -a, -os, -as; tuyo, -a, -os, -as*, según convenga.

1. El traje es (de mí) _____
2. Estas ovejas son (de ti) _____
3. Aquel periódico es (de mí) _____
4. Esta isla es (de mí) _____
5. Estos papeles son (de ti) _____
6. La silla es (de mí) _____

134. Lea estos números ordinales.

1.º
2.º
3.º
4.º
5.º

135. Ponga *primer* o *tercer,* según los casos.

1. Vivimos en el (1) _____ piso.
2. Esta autora tiene el (3) _____ premio.
3. Éste es el (1) _____ caso de gripe este año.
4. Está en el (3) _____ lugar de la lista.
5. El miércoles es el (3) _____ día de la semana.
6. Enero es el (1) _____ mes del año.

136. Ponga las formas apropiadas de los ordinales en estas frases.

1. Las (1) _____ semanas de vida son las más difíciles.
2. Febrero es el (2) _____ mes del año.
3. Viven en el (1) _____ y nosotros en el (3) _____ .
4. Ustedes son los (1) _____ .
5. Ésta es la (4)_____ vez.
6. Este ascensor sube al (5) _____ .
7. Mi padre está en la (3) _____ edad de la vida.
8. Esta señora es la (5) _____ de la cola.

137. Recopilación de léxico. Haga frases con las siguientes palabras o expresiones.

_____ panadería   _____ ir de paseo
_____ delgado   _____ tiza
_____ calzoncillos   _____ estrecho
_____ papelera   _____ ¡buen viaje!
_____ ¡lo siento!   _____ camisón

138. Recopilación de léxico. Haga frases con las siguientes palabras o expresiones.

_____ pupitre   _____ valer la pena
_____ triste   _____ carnicería
_____ vestido   _____ boda
_____ perfumería   _____ bella
_____ falda   _____ taza

APUNTES DE CLASE

Unidad veintiuno

139. Imperativo *(e/i)*. Repita según el modelo.

MODELO: serv*ir* → { s*i*rve (tú) / s*i*rva (usted).
{ serv*i*d (vosotros, -as) / s*i*rvan (ustedes).

pedir → _____ _____

_____ _____

medir → _____ _____

_____ _____

seguir → _____ _____

_____ _____

repetir → _____ _____

_____ _____

freír → _____ _____

_____ _____

reír → _____ _____

_____ _____

140. Imperativo negativo. Haga el ejercicio anterior, según el modelo.

MODELO: serv*ir* → { *no* s*i*rvas (tú) / *no* s*i*rva (usted).
{ *no* s*i*rváis (vosotros, -as) / *no* s*i*rvan (ustedes).

141. Imperativo. Cambios ortográficos. Ponga en forma negativa.

coge → _____
coged → _____
conducid → _____
corrige → _____
huye → _____
construye → _____
apaga → _____

juega   ➤ _____

coja usted   ➤ _____

exige   ➤ _____

traduce   ➤ _____

corregid   ➤ _____

huid   ➤ _____

sustituid   ➤ _____

paga   ➤ _____

jugad   ➤ _____

142. Lea estos números ordinales.

6.º

7.º

8.º

9.º

10.º

143. Posesivos. Ponga *suyo, -a, -os, -as,* según convenga.

1. Estas sábanas son (de él) _____

2. El sobre es (de usted) _____

3. Esas herramientas son (de ellos) _____

4. Ese tubo es (de ellas) _____

5. Esta taza de chocolate es (de ella) _____

6. Los melones son (de ustedes) _____

7. Este pantalón es (de vosotros) _____

8. Estas blusas son (de vosotras) _____

144. Días de la semana. Complete las frases, según el modelo.

MODELO: El primer día de la semana es el *lunes.*

1. El segundo día de la semana es el _____

2. El tercero es el _____

3. El cuarto es el _____

4. El quinto es el _____

5. El sexto es el _____

6. El séptimo es el _____

145. Ponga los artículos *el* o *los,* según el modelo.

MODELO: Hoy es lunes; *el (los)* lunes me levanto temprano.

1. Mañana es martes; _____ martes voy al supermercado.

2. Hoy es sábado; _____ sábados descanso.

3. Mañana es miércoles; _____ miércoles veo la película de la tele.

4. Hoy es domingo; _____ domingos no salgo de casa.

5. Mañana es jueves; _____ jueves hacemos "jogging".

6. Hoy es viernes; _____ viernes cenamos fuera.

146. Modismos con *hacer*. Conteste a estas preguntas afirmativa o negativamente.

MODELO: ¿Hace frío hoy? ➤ *Sí/No* hace frío.

1. ¿Hace viento esta mañana? ➤ _____

2. ¿Hace buen tiempo hoy? ➤ _____

3. ¿Hace frío en tu país? ➤ _____

4. ¿Hace calor en la clase? ➤ _____

5. ¿Hace sol esta tarde? ➤ _____

6. ¿Hace aire en el jardín? ➤ _____

APUNTES DE CLASE

Unidad veintidós

147. Imperativos irregulares. Dé el infinitivo correspondiente a estas formas del imperativo.

MODELO: sal → *salir.*

ten → _____
ve → _____
haz → _____
sé → _____
pon → _____
ven → _____
di → _____

148. Imperativos irregulares. Ponga en forma afirmativa.

no tengas → _____
no vengas → _____
no pongas → _____
no veas → _____
no hagas → _____
no digas → _____
no seas → _____

149. Artículo determinado con días de la semana. Conteste a estas preguntas libremente.

MODELO: ¿Qué hace usted *los lunes*? ～ *Los lunes* voy a clase.

1. ¿Qué haces el martes? ～
2. ¿Qué haces el miércoles? ～
3. ¿Qué hace usted los jueves? ～
4. ¿Qué haces el viernes? ～

5. ¿Qué hace usted los sábados?   ∼

6. ¿Qué haces el domingo?   ∼

150. Género. Adjetivos invariables. Use estos adjetivos con nombres masculinos o femeninos apropiados.

——————— triste   ——————— útil

——————— verde   ——————— urgente

——————— alegre   ——————— común

151. Verbo *caer* y estaciones del año. Conteste a estas preguntas.

1. ¿En qué estación del año cae abril?   ∼

2. ¿En qué estación cae julio?   ∼

3. ¿En qué estación cae enero?   ∼

4. ¿En qué estación cae noviembre?   ∼

5. ¿En qué estación cae agosto?   ∼

6. ¿En qué estación cae mayo?   ∼

152. *Ser*. Expresión de la fecha. Conteste libremente a estas preguntas, según el ejemplo.

MODELO: ¿Qué fecha es *hoy*?   ∼   Hoy es *lunes*, 20 de septiembre de 1998.

1. ¿Qué fecha es mañana?   ∼

2. ¿(En) qué fecha empieza el curso?   ∼

3. ¿(En) qué fecha cae tu cumpleaños?   ∼

4. ¿Qué fecha es el próximo miércoles?   ∼

5. ¿En qué fecha terminan las clases?   ∼

6. ¿En qué fecha cae la Semana Santa?   ∼

153. Nombres de lenguas. Conteste a las siguientes preguntas con el sustantivo de lengua adecuado. *Qué ≠ cuál.*

1. ¿Qué lengua habla usted?   ∼

2. ¿Qué lengua habla Yoko?   ∼

3. ¿Qué lengua habla Alí?   ∼

4. ¿Qué lengua habla Helga?   ~

5. ¿Qué lengua habla Jim?   ~

6. ¿Qué lengua habla Giovanni?   ~

7. ¿Qué lengua habla Aristóteles?   ~

8. ¿Qué lengua habla Monique?   ~

9. ¿Qué lengua habla Manolo?   ~

10. ¿Qué lengua habla Boris?   ~

11. ¿Cuál habla Jeremy?   ~

12. ¿Cuál habla Peter?   ~

13. ¿Cuál habla David?   ~

APUNTES DE CLASE

Unidad veintitrés

154. Expresión del futuro inmediato. Ponga la forma apropiada del presente de *ir a*, según el modelo.

MODELO: Mañana (yo) *voy a* visitarte.

1. Mañana (tú) _____ dar clase.
2. Mañana (él) _____ llamarnos por teléfono.
3. Mañana (ella) _____ trabajar menos.
4. Mañana (usted) _____ recibir un premio.
5. Mañana (nosotros, -as) _____ coger el metro.
6. Mañana (vosotros, -as) _____ saber la verdad.
7. Mañana (ellos, -as) _____ pintar la casa.
8. Mañana (ustedes) _____ tener tiempo.

155. Expresión del futuro inmediato e intencionalidad. Haga frases con estas palabras y una forma apropiada del presente de *ir a* + infinitivo

MODELO: La semana que viene *voy a comer* al campo.

1. El mes que viene ➤ _____
2. Esta noche ➤ _____
3. Ahora ➤ _____
4. Luego ➤ _____
5. El año que viene ➤ _____
6. Pasado mañana ➤ _____
7. Mañana por la mañana ➤ _____
8. La semana que viene ➤ _____
9. Esta tarde ➤ _____
10. El verano que viene ➤ _____

156.
Imperativos irregulares. Dé las formas de imperativo, afirmativa y negativa, correspondientes a *usted/ustedes* de estos verbos.

dar   _____ / _____

        _____ / _____

hacer   _____ / _____

        _____ / _____

poner   _____ / _____

        _____ / _____

decir   _____ / _____

        _____ / _____

ir   _____ / _____

        _____ / _____

oír   _____ / _____

        _____ / _____

traer   _____ / _____

        _____ / _____

157.
Imperativos irregulares. Dé el plural *(vosotros)* correspondiente a estas formas.

di   _____

ven   _____

ve   _____

sé   _____

haz   _____

ten   _____

pon   _____

158.
Verbos *caer* y *ser*. Conteste a estas preguntas.

1. ¿Cuándo es tu cumpleaños? ~

2. ¿En qué mes (o meses) cae la Semana Santa? ~

3. ¿Cuándo es el día de tu santo? ~

4. ¿En qué mes cae su aniversario de boda? ~

5. ¿En qué mes cae el Carnaval? ~

6. ¿Cuándo son las vacaciones de Navidad? ~

7. ¿En qué meses caen las vacaciones de verano? ~

8. ¿Cuándo es la fiesta? ~

9. ¿Cuándo son los exámenes? ~

10. ¿En qué día cae la excursión? ~

159. Conteste a estas preguntas con la preposición *con* y la palabra o palabras adecuadas.

1. ¿Con qué comemos la carne?   ~
2. ¿Con qué abrimos las puertas?   ~
3. ¿Con qué escribimos?   ~
4. ¿Con qué tomamos la sopa?   ~
5. ¿Con qué cortamos las telas?   ~
6. ¿Con qué anda un coche?   ~

APUNTES DE CLASE

Unidad veinticuatro

160.

Ponga la forma correspondiente del indefinido *ser* con ordinales según el modelo.

MODELO: (Yo) *fui* el (la) primero(a).

(Tú) _____ el (la) primero(a).

(Él, ella, usted) _____ el (la) primero(a).

(Nosotros, -as) _____ los (las) primeros(as).

(Vosotros, -as) _____ los (las) primeros(as).

(Ellos, -as, ustedes) _____ los (las) primeros(as).

161.

Ponga la forma correspondiente del indefinido de *ser* con ordinales, según el modelo.

MODELO: ¿*Fui* (yo) el (la) primero(a)?

¿ _____ (tú) el (la) segundo(a)?

¿ _____ (él, ella, usted) el (la) segundo(a)?

¿ _____ (nosotros, -as) los (las) segundos(as)?

¿ _____ (vosotros, -as) los (las) segundos(as)?

¿ _____ (ellos, -as, ustedes) los (las) segundos(as)?

162.

Ponga la forma correspondiente del indefinido de *ser* con ordinales según el modelo.

MODELO: (Yo) *no fui* el tercero.

1. (Tú) _____ el (la) tercero(a).

2. (Él, ella, usted) _____ el (la) tercero(a).

3. (Nosotros, -as) _____ los (las) terceros(as).

4. (Vosotros, -as) _____ los (las) terceros(as).

5. (Ellos, -as, ustedes) _____ los (las) terceros(as).

163. Verbo *ser*. Conteste a estas preguntas libremente.

1. ¿Qué día es hoy?   ~
2. ¿Qué día es mañana?   ~
3. ¿Qué día va usted a la iglesia?   ~
4. ¿Qué día descansas?   ~
5. ¿Qué días trabaja usted?   ~
6. ¿Qué días tenéis vosotras clase?   ~

164. Ponga el acento ortográfico en la sílaba adecuada de los siguientes nombres.

_____ arbol
_____ medico
_____ salon
_____ mama
_____ azucar

_____ pajaro
_____ America
_____ Tomas
_____ lapiz
_____ util

165. Conteste a las siguientes preguntas utilizando el nombre de la habitación de la casa que corresponda.

1. ¿Dónde hace usted la comida?   ~
2. ¿Dónde recibe usted a sus amigos?   ~
3. ¿Dónde duerme usted?   ~
4. ¿Dónde bañamos al niño?   ~
5. ¿Dónde sirve usted la comida?   ~
6. ¿Dónde oye música?   ~

APUNTES DE CLASE

Unidad veinticinco

166. Ponga la forma correspondiente del indefinido de *ser* con ordinales, según el modelo.

MODELO: ¿No *fui* (yo) el tercero?

1. ¿No _____ (tú) el (la) tercero(a)?
2. ¿No _____ (él, ella, usted) el (la) tercero(a)?
3. ¿No _____ (nosotros, -as) los (las) terceros(as)?
4. ¿No _____ (vosotros, -as) los (las) terceros(as)?
5. ¿No _____ (ellos, -as, ustedes) los (las) terceros(as)?

167. Ponga la forma correspondiente del indefinido de *estar*, según el modelo.

MODELO: Ayer (yo) *estuve* enfermo(a).

1. Ayer (tú) _____ enfermo(a).
2. Ayer (él, ella, usted) _____ enfermo(a).
3. Ayer (nosotros, -as) _____ enfermos(as).
4. Ayer (vosotros, -as) _____ enfermos(as).
5. Ayer (ellos, -as, ustedes) _____ enfermos(as).

168. Conteste a estas preguntas con la forma apropiada del indefinido de *estar*, según el modelo.

MODELO: ¿Cuándo *estuvo* usted enfermo? ⟶ Ayer *estuve* enfermo.

1. ¿Cuándo estuviste enfermo? ⟶ Ayer (yo) _____ enfermo.
2. ¿Cuándo estuvo (usted, él, ella) enfermo(a)? ⟶ Ayer _____ enfermo(a).
3. ¿Cuándo estuvimos (nosotros) enfermos? ⟶ Ayer _____ enfermos.
4. ¿Cuándo estuvisteis (vosotros) enfermos? ⟶ Ayer _____ enfermos.
5. ¿Cuándo estuvieron (ellos, -as, ustedes) enfermos(as)? ⟶ Ayer _____ enfermos(as).

169.
Ponga la forma correspondiente del pronombre reflexivo, según el modelo.

MODELO: *Me* lavo.

_____ levanto.

_____ acuestas.

_____ viste (él).

_____ peina (ella).

_____ baña (usted).

_____ quitamos.

_____ ponéis.

_____ sientan (ellos).

_____ limpian (ustedes).

_____ paran (ellas).

_____ equivoca (ella).

_____ laváis.

_____ despedimos.

_____ va (ella).

170.
Verbos reflexivos. Ponga el verbo en la forma correcta del presente.

1. Jaime (levantarse) _____ temprano.
2. (Él) no (quitarse) _____ los zapatos en casa.
3. (Yo-vestirme) _____ de torero.
4. (Ella-bañarse) _____ con agua fría.
5. Inés (acostarse) _____ tarde.
6. Enrique apenas (lavarse) _____ y tiene un aspecto horrible.

171.
Conteste a estas preguntas con una frase completa.

1. ¿A qué hora se levantan ellas?   ~
2. ¿A qué hora se acuestan ustedes?   ~
3. ¿A qué hora se baña el niño?   ~
4. ¿A qué hora te acuestas en invierno?   ~
5. ¿A qué hora te duchas?   ~
6. ¿A qué hora te levantas los domingos?   ~
7. ¿A qué hora os vais de casa?   ~
8. ¿A qué hora te marchas a clase?   ~

172. Conteste a las siguientes preguntas con la palabra o palabras adecuadas.

1. ¿Con qué se limpia usted los dientes?   ～
2. ¿Con qué se seca usted las manos?   ～
3. ¿Con qué se lava usted?   ～
4. ¿Con qué se peina usted?   ～
5. ¿Con qué se pinta usted los labios?   ～
6. ¿Con qué se afeita usted?   ～

APUNTES DE CLASE

Unidad veintiséis

173. Verbos en -ar. Conjúguese el indefinido de estos verbos.

speak	hablar:	hablé	/ hablaste	/ habló	/ hablamos	/ hablasteis	/ hablaron
work	trabajar:	trabajé	/ trabajaste	/ trabajó	/ trabajamos	/ trabajasteis	/ trabajaron
study	estudiar:	estudié	/ estudiaste	/ estudió	/ estudiamos	/ estudiasteis	/ estudiaron
dance	bailar:	bailé	/ bailaste	/ bailó	/ bailamos	/ bailasteis	/ bailaron
to talk/chat	charlar:	charlé	/ charlaste	/ charló	/ charlamos	/ charlasteis	/ charlaron
to look	mirar:	miré	/ miraste	/ miró	/ miramos	/ mirasteis	/ miraron

174. Verbos en -er e -ir. Conjugue el indefinido de estos verbos.

to eat	comer:	comí	/ comiste	/ comió	/ comimos	/ comisteis	/ comieron
understand	comprender:	comprendí	/ comprendiste	/ comprendió	/ comprendimos	/ comprendisteis	/ comprendieron
live	vivir:	viví	/ viviste	/ vivió	/ vivimos	/ vivisteis	/ vivieron
write	escribir:	escribí	/ escribiste	/ escribió	/ escribimos	/ escribisteis	/ escribieron
recieve	recibir:	recibí	/ recibiste	/ recibió	/ recibimos	/ recibisteis	/ recibieron
learn	aprender:	aprendí	/ aprendiste	/ aprendió	/ aprendimos	/ aprendisteis	/ aprendieron

175. Ponga el verbo en la forma apropiada del indefinido, según los casos.

1. ¿(Aprender) aprendiste (tú) mucho en la Universidad?
2. (Ellas) no (cerrar) cerraron la ventana.
3. ¿(Estudiar) escribió Clara en Oxford?
4. Antonio (vivir) vivió mucho tiempo en el norte de Europa.
5. Miguel (subir) _____ las escaleras de dos en dos.
6. ¿(Abrir) Abrió usted el correo electrónico?
7. Ayer (yo-tomar) _____ chocolate con Mara.
8. ¿(Bailar-vosotras) _____ mucho anoche?

176. Haga preguntas apropiadas para estas respuestas con el indefinido.

MODELO: *Vi* a María el lunes. ⟶ ¿*Viste* a María el lunes?

1. ¿ _____ ? ⟶ No hablamos con el portero.
2. ¿ *Viste* ? ⟶ Vi la foto en el periódico.
3. ¿ *usaron* ? ⟶ Mis padres no usaron el garaje.
4. ¿ *compraron* ? ⟶ (Ellas) compraron la (mantequilla.) butter.
5. ¿ _____ ? ⟶ La alumna escribió la frase en la pizarra.
6. ¿ *vivieron* ? ⟶ (Ellos) vivieron en el sur de España.
7. ¿ *tomasteis* ? ⟶ (Nosotros) tomamos una taza de té.
8. ¿ _____ ? ⟶ (Él) no abrió la puerta del coche.

177. Verbos reflexivos. Ponga el verbo en la forma correcta del presente.

1. (Él-limpiarse) _____ las gafas con el pañuelo.
2. Mi hermano (ponerse) _____ el jersey en verano.
3. Los viejos (sentarse) _____ al sol.
4. Vosotras (acostarse) _____ tarde.
5. Nosotros (peinarse) _____ tres veces al día.
6. Luis (equivocarse) _____ mucho.

178. Conteste a estas preguntas, según el modelo.

MODELO: ¿Cómo *te llamas*? ～ *Me llamo* Juan.

1. ¿Cómo se llama usted? ～
2. ¿Cómo se llama ella? ～
3. ¿Cómo se llama tu amigo? ～
4. ¿Cómo os llamáis? ～
5. ¿Cómo se llaman estos estudiantes? ～
6. ¿Cómo se llaman ustedes? ～

179. Modismos con *tener*. Use la palabra adecuada de la columna de la derecha.

1. Me voy a la cama; tengo _____   prisa
2. Voy a coger un taxi; tengo _____   miedo

3. El plato está muy caliente; ¡ten _____!   sueño

4. Ayer perdí el tren; ¡tú tienes _____!   cuidado

5. Hoy es jueves y no viernes; ¡no tienes _____ !   razón

6. ¿No subes al avión? ¿Tienes _____ ?   hambre

7. ¿Por qué no comes? ¿No tienes _____?   la culpa

180. Modismos con *tener*. Conteste a las siguientes preguntas con expresiones del ejercicio anterior.

1. ¿Por qué corre tu amiga? ➤ Porque _____

2. ¿Por qué te acuestas temprano hoy? ➤ Porque _____

3. ¿Por qué pierde el dinero? ➤ Porque no _____

4. ¿Por qué pides perdón? ➤ Porque _____

5. ¿Por qué estás tan seguro? ➤ Porque _____

6. ¿Por qué no subes al árbol? ➤ Porque _____

7. ¿Por qué sacas el bocadillo? ➤ Porque _____

APUNTES DE CLASE

Unidad veintisiete

181.
Verbos irregulares. Conjugue el indefinido de estos verbos.

MODELO: tener *to have*: *tuve - tuviste - tuvo - tuvimos - tuvisteis - tuvieron.*

poder: *to be able / can, I walked*   pude / pudiste / pudo / pudimos / pudisteis / pudieron

andar: anduve / anduviste / anduvo / anduvimos / anduvisteis / anduvieron

saber: *to know*   supe / supiste / supo / supimos / supisteis / supieron

poner: *to put*   puse / pusite / puso / pusimos / pusisteis / pusieron

translate traducir: traduje / tradujiste / tradujo / tradujimos / tradujésteis / tradujieron

ver: vi / viste / vio / vimos / visteis / vieron

182.
Verbos irregulares. Ponga la forma apropiada del indefinido de estos verbos.

1. (Yo-andar) __anduve__ siete kilómetros.
2. (Nosotros - saber) __Supimos__ la noticia a las ocho.
3. (Ella-poner) __puso__ el bocadillo de jamón en la nevera.
4. (Ellas) no (poder) __pudieron__ llegar a tiempo.
5. ¿(Vosotros) ayer (tener) __tuvisteis__ frío?
6. ¿(Andar) __anduviste__ (tú) todo el camino?
7. ¿Anoche (ella-traducir) __tradujo__ tres páginas de latín.
8. ¿Qué obra de teatro (ver) __visteis__ (vosotros)?

183.
Verbos irregulares. Conjugue el indefinido de estos verbos.

MODELO: hacer (yo, tú, él, etc.): *hice - hiciste - hizo - hicimos - hicisteis – hicieron.*

decir
dije
dijiste
dijo
dijimos
dijisteis
dijeron
} la verdad

venir
vine
viniste
vino
vinimos
vinisteis
vinieron
} tarde

querer	quise	preguntarlo	dar	di	el regalo
	quisite			diste	
	quiso			dio	
	quisimos			dimos	
	quisisteis			disteis	
	quisieron			dieron	

184. Verbos irregulares. Conjugue el indefinido de estos verbos.

MODELO: ir: *fui - fuiste - fue - fuimos - fuisteis - fueron.*

to bring

traer: traje / trajiste / trajo / trajimos / trajisteis / trajeron

poder: pude / pudiste / pudo / pudimos / pusisteis / pudieron

185. Dé la forma correcta del indefinido de estos verbos.

1. (Ustedes - venir) Vinieron
2. (Vosotras - dar) disteis
3. (Ellos - hacer) hicieron
4. (Tú - decir) dijiste
5. (Usted - querer) quiso
6. (Ella - traer) ~~trajiste~~ trajo
7. (Yo - ir) fui
8. (Nosotros - poder) pudimos

(to give) (to say)

Vine	Di	Hice	dije
Viniste	Diste	hiciste	dijiste
Vino	Dio	hizo	dijo
vinimos	Dimos	hicimos	dijimos
vinisteis	Disteis	hicisteis	dijisteis
Vinieron	Dieron	hicieron	dijeron

186. Lea estos numerales en contexto.

MODELO: 1 mujer = una mujer.

4 hombres

El 5 piso

La 6 vez

Isabel II

12 personas

28 euros

León X

La 9 sinfonía

Lección 9

41 dólares

Juan Carlos I

La 4 línea

187. *Tener.* Expresión de la edad. Conteste a estas preguntas libremente.

MODELO: ¿Cuántos años tiene usted?   ∼   Tengo 40 años.

1. ¿Cuántos años tiene tu padre?   ∼
2. ¿Cuántos años tiene su madre (de usted)?   ∼
3. ¿Cuántos años tiene tu prima?   ∼
4. ¿Cuántos años tiene su hija (de él)?   ∼
5. ¿Cuántos años tiene tu abuela?   ∼
6. ¿Cuántos años tiene su marido (de usted)?   ∼
7. ¿Cuántos años tiene su mujer (de él)?   ∼
8. ¿Cuántos años tiene tu tío?   ∼

APUNTES DE CLASE

Unidad veintiocho

188. Verbos irregulares. Ponga el verbo entre paréntesis en la forma apropiada del indefinido.

1. Carmen y Luisa no (traer) _trajeron_ dinero. (money)
2. ¿A qué hora (venir) _vinieron_ tus hermanos?
3. (Nosotros) nunca [never] (saber) _supimos_ la verdad.
4. Ayer (vosotros) no (ir) _fuisteis_ a clase.
5. (Ellas) no (querer) _quisieron_ viajar en avión. [to travel]
6. [policemen] La policía no me (dar) _dio_ el pasaporte.
7. ¿Qué (hacer) _hiciste_ (tú) la semana pasada?
8. (Yo - decir) _dije_ muchas cosas en la reunión.
9. ¿(Vosotros-poder) _pudisteis_ dormir después [after] de la cena? [evening meal]
10. ¿Qué (ellas-oír) _oyeron_ en la cafetería?

189. Conjugue el imperfecto de los siguientes verbos regulares en *-ar*, según el modelo.

MODELO: hablar: hablaba - hablabas - hablaba - hablábamos - hablabais - hablaban.

[study] estudiar: _estudiaba / estudiabas / estudiaba / estudiábamos / estudiabais / estudiaban_

[work] trabajar: _trabajaba / trabajabas / trabajaba / trabajábamos / trabajabais / trabajaban_

[take] tomar: _tomaba / tomabas / tomaba / tomábamos / tomabais / tomaban_

[sing] cantar: _cantaba / cantabas / cantaba / cantábamos / cantabais / cantaban_

[dance] bailar: _bailaba / bailabas / bailaba / bailábamos / bailabais / bailaban_

190. Complete las formas de estos verbos con las terminaciones correspondientes del imperfecto, según el modelo (verbos en *-er* e *-ir*).

MODELO: comer: comía - comías - comía - comíamos - comíais - comían.

escribir: _escribía / escribías / escribía / escribíamos / escribíais / escribían_

beber: _bebía / bebías / bebía / bebíamos / bebíais / bebían_

to receive [regalo] -apresent

recibir: recibía / recibías / recibía / recibíamos / recibíais / recibían
aprender: aprendía / aprendías / aprendía / aprendíamos / aprendíais / aprendían
correr: corría / corrías / corría / corríamos / corríais / corrían.

to run.

191. Dé la forma correcta del imperfecto de estos verbos.

1. (Tú-pensar) pensabas
2. (Vosotras-entender) entendíais
3. (Ustedes-preferir) ~~preferaban~~ preferían
4. (Nosotros- recordar) recordábamos
5. (Ellas- dormir) dormían
6. (Yo-traducir) traducía
7. (Vosotros-estar) estabais
8. (Ellos-valer) valían
     (to be worth)

192. Dé la forma correcta del imperfecto de estos verbos.

1. (Ellos-vivir) vivían en mi calle.
2. (Margarita-usar) usaba tu coche.
3. (Mi vecino-perder) perdía siempre las llaves.
4. (Usted-pensar) pensaba en sus hijos.
5. (Los niños-soler) solían despertarse temprano.
6. (Mi novio-empezar) empezaba a trabajar a las nueve.
7. (Ella-estar) estaba en casa antes de las diez.
8. El cumpleaños (caer) caía en lunes.

193. Lectura de signos matemáticos en operaciones aritméticas. Uso de *ser.*

MODELO: 2+2 = 4 (dos más dos son cuatro).

1. 1-1 = 0   + (más)
2. 5x4 = 20   - (menos)
3. 15+15 = 30   x (por)
4. 100:20 = 5   : (entre)
5. 6x10 = 60
6. 55-15 = 40
7. 21:3 = 7
8. 75+5 = 80

194. Nombres de países y ciudades. Rellene los puntos con el nombre de la ciudad correspondiente de la columna de la derecha.

1. La capital de Suecia es _____   Berna
2. La capital de la India es _____   La Haya
3. La capital de Bélgica es _____   Estocolmo
4. La capital de Holanda es _____   Nueva Delhi
5. La capital de Suiza es _____   Bruselas
6. La capital de Rusia es _____   Pekín
7. La capital de China es _____   Moscú

APUNTES DE CLASE

Unidad veintinueve

195. Dé la forma apropiada del imperfecto de *ser.* to be

(yo) ~~est~~ era

(tú) eras

(él, ella, usted) era

} el (la) primero(a)

era
eras
era
eramos
erais
eran.

(nosotros, -as) eramos

(vosotros, -as) erais

(ellos, -as, ustedes) ean

} los (las) primeros(as)

196. Dé la forma apropiada del imperfecto de *ver.* to see

(yo) veia

(tú) veias

(él, ella, usted) veia

(nosotros, -as) veiamos

(vosotros, -as) veiais

(ellos, -as, ustedes) veian

veia
veias
veia
veiamos
veiais
veian

197. Dé la forma apropiada del imperfecto de *ir.*

(yo) iba a la fiesta.

(tú) ibas a la fiesta.

(él, ella, usted) iba a la fiesta.

(nosotros, -as) ibamos a la fiesta.

(vosotros, -as) ibais a la fiesta.

(ellos, -as. ustedes) iban a la fiesta.

iba
ibas
iba
ibamos
ibais
iban

198. Complete las formas de *ser, ir* y *ver* con las terminaciones correspondientes del imperfecto.

(Ellos) e _ran_ extranjeros.

(Tú) i _bas_ a pie.

(Vosotros) v _eiais_ bien.

(Mi padre) e _ra_ capitán.

(Nosotras) í _bamos_ delante de ella.

(Carmina) no v _eia_ sin gafas.

199. Dé la forma apropiada del imperfecto de los siguientes verbos.

1. (Ser) _eran_ las siete de la tarde.
2. (Nosotros) entonces (ir) _íbamos_ mucho al cine.
3. Antes (yo) lo (ver) _veía_ muchas veces.

even, still, yet

4. Todavía (ser) _era_ temprano para cenar. *too soon / too early*
5. ¿No (ir) _iba_ (usted) nunca a los toros?
6. Los lunes (nosotras-ver) _veíamos_ a las dos hermanas en el parque.

200. Conteste a las siguientes preguntas con *para* + infinitivo.

para sirvir

1. ¿Para qué sirven las gafas? ~ Para ver
2. ¿Para qué sirven las tijeras? ~ Para cortar
3. ¿Para qué sirve un peine? ~ Para ~~cepillar~~ Peinar el pelo
4. ¿Para qué sirve una pluma? ~ Para escribir
5. ¿Para qué sirve un sofá? ~ Para sentar
6. ¿Para qué sirve un reloj? ~ para
7. ¿Para qué sirve la ropa? ~
8. ¿Para qué sirve un sacacorchos? ~
9. ¿Para qué sirven unas botas? ~
10. ¿Para qué sirve un llavero? ~

201. Léxico adjetival. Conteste a las preguntas con el adjetivo más adecuado de la columna de la derecha.

street

1. ¿Cómo es la calle? ~ Es a ncha

cuadrada *square*

2. ¿Cómo es el río? ~ Es e strecho

redonda *round*

n✓✓

bull-fighting

3. ¿Cómo es la plaza de toros?   ~   Es r _ed onda_
4. ¿Cómo es la habitación? [room]   ~   Es cu _adrada_
5. ¿Cómo es la cama? [bed]   ~   Es b _landa_
6. ¿Cómo es el sofá?   ~   Es d _uro_
7. ¿Cómo es el viaje? [travel]   ~   Es cor _to_
8. ¿Cómo son las vacaciones de verano? [summer holiday]   ~   Son l _arges_
9. ¿Cómo es la seda? [silk]   ~   Es su _ave_
10. ¿Cómo es la miel? [honey]   ~   Es d _ulce_

estrecho (nerrow (tight)
ancha wide.
largas
corto short.
duro hard
blanda soft / mild.
dulce sweet / gently.
suave smooth / gently

APUNTES DE CLASE

Unidad treinta

202. Conjugue el futuro simple de los siguientes verbos regulares e irre–gulares en -ar, -er, -ir, según el modelo.

MODELO:

(yo) { hablar- comer- subir- } é   (nosotros, -as) { hablar- comer- subir- } emos

(tú) { hablar- comer- subir- } ás   (vosotros, -as) { hablar- comer- subir- } éis

(él, ella, usted) { hablar- comer- subir- } á   (ellos, -as, ustedes) { hablar- comer- subir- } án

pensar: _____ / _____ / _____ / _____ / _____ / _____

entender: _____ / _____ / _____ / _____ / _____ / _____

servir: _____ / _____ / _____ / _____ / _____ / _____

conducir: _____ / _____ / _____ / _____ / _____ / _____

jugar: _____ / _____ / _____ / _____ / _____ / _____

traer: _____ / _____ / _____ / _____ / _____ / _____

bailar: _____ / _____ / _____ / _____ / _____ / _____

charlar: _____ / _____ / _____ / _____ / _____ / _____

cantar: _____ / _____ / _____ / _____ / _____ / _____

andar: _____ / _____ / _____ / _____ / _____ / _____

203. Verbos irregulares. Conjugue el futuro simple de los siguientes verbos, según el modelo.

MODELO: tener: ten|d|r-é; ten|d|r-ás; ten|d|r-á; ten|d|r-emos; ten|d|r–éis; ten|d|r-án.

venir: _____ / _____ / _____ / _____ / _____ / _____

poner: _____ / _____ / _____ / _____ / _____ / _____

salir: _____ / _____ / _____ / _____ / _____ / _____

haber: _____ / _____ / _____ / _____ / _____ / _____

204. Verbos irregulares. Conjugue el futuro simple de estos verbos.

saber: _____ / _____ / _____ / _____ / _____ / _____

poder: _____ / _____ / _____ / _____ / _____ / _____

caber: _____ / _____ / _____ / _____ / _____ / _____

(to fit).

205. Verbos irregulares. Conjugue el futuro simple de estos verbos.

decir: _____ / _____ / _____ / _____ / _____ / _____

hacer: _____ / _____ / _____ / _____ / _____ / _____

querer: _____ / _____ / _____ / _____ / _____ / _____

querr

206. Conteste a estas preguntas con *hay*.

1. ¿Qué hay ahí? ～
2. ¿Dónde hay un restaurante? ～
3. ¿Quién hay en el servicio? ～
4. ¿Dónde hay una farmacia? ～
5. ¿Cuántos alumnos hay en clase? ～
6. ¿Cuánta gente hay en la plaza? ～
7. ¿Hasta cuándo hay vacaciones? ～
8. ¿Desde cuándo hay un garaje aquí? ～
9. ¿Cada cuánto hay tertulia? ～
10. ¿Hasta cuándo hay metro? ～

207. Haga preguntas correspondientes a estas respuestas con *hay* y pronombres interrogativos.

1. ¿ _____ ?
   Hay una farmacia en la esquina.
2. ¿ _____ ?
   En clase hay 16 alumnos.
3. ¿ _____ ?
   Hay un restaurante en el centro del pueblo.
4. ¿ _____ ?
   Hay casi 2.000 personas en la plaza.

5. ¿ _____ ?

   Hay una señorita en el servicio.

6. ¿ _____ ?

   Ahí hay un cenicero.

7. ¿ _____ ?

   Hasta septiembre hay vacaciones.

8. ¿ _____ ?

   Hay un garaje desde hace un año.

9. ¿ _____ ?

   Hay tertulia cada cinco días.

10. ¿ _____ ?

   Hay metro hasta las tres de la mañana.

208. Ejercicio de acentuación. Ponga el acento ortográfico en la sílaba adecuada.

_____ sillon   _____ aqui

_____ razon   _____ numero

_____ jabon   _____ carniceria

_____ maquina   _____ platano

_____ util   _____ papa

209. Recopilación de léxico. Haga frases con las siguientes palabras y expresiones.

hacer buen tiempo   cocina

blando   ¿Cada cuánto _____ ?

pasta de dientes   ¿Desde cuándo _____ ?

tener razón   ¿Hasta cuándo _____ ?

cuchillo   suave

tener sueño   llavero

dormitorio   charlar

APUNTES DE CLASE

Unidad treinta y uno

210. Conjugue el condicional simple de los siguientes verbos regulares en *-ar, -er, -ir*, según el modelo.

MODELO: hablar: hablar*ía* - hablar*ías* - hablar*ía* - hablar*íamos* - hablar*íais* - hablar*ían*.

entender: _____ / _____ / _____ / _____ / _____ / _____

llevar: _____ / _____ / _____ / _____ / _____ / _____

subir: _____ / _____ / _____ / _____ / _____ / _____

jugar: _____ / _____ / _____ / _____ / _____ / _____

esperar: _____ / _____ / _____ / _____ / _____ / _____

vivir: _____ / _____ / _____ / _____ / _____ / _____

bailar: _____ / _____ / _____ / _____ / _____ / _____

caminar: _____ / _____ / _____ / _____ / _____ / _____

comer: _____ / _____ / _____ / _____ / _____ / _____

escribir: _____ / _____ / _____ / _____ / _____ / _____

211. Identifique las formas verbales de la derecha con los pronombres de la izquierda.

yo	tendrían	habríais	vendríamos
tú	tendría	habría	vendrías
él, ella, usted	tendrías	habríamos	vendrían
nosotros, -as	tendríamos	habrían	vendríais
vosotros, -as	tendríais	habrías	vendría
ellos, -as, ustedes			

212. Conjugue el condicional simple de los siguientes verbos irregulares.

decir: _____ / _____ / _____ / _____ / _____ / _____

hacer: _____ / _____ / _____ / _____ / _____ / _____

querer: _____ / _____ / _____ / _____ / _____ / _____

213. Coloque los pronombres personales correspondientes junto a las formas del condicional simple de estos verbos.

_____ sabríamos	_____ sabrían
_____ sabrías	_____ podrías
_____ podrían	_____ sabríais
_____ sabría	_____ podríais
_____ podríamos	_____ cabrían
_____ podría	_____ cabría

214. Conteste a estas preguntas con *para qué + infinitivo*.

MODELO: ¿Para qué sirve una cama?   ～   Para dormir.

1. ¿Para qué sirve un vaso?   ～
2. ¿Para qué sirve un peine?   ～
3. ¿Para qué sirve una piscina?   ～
4. ¿Para qué sirve un lápiz?   ～
5. ¿Para qué sirven los ojos?   ～
6. ¿Para qué sirve el jabón?   ～
7. ¿Para qué sirven las escaleras?   ～
8. ¿Para qué sirve un ordenador?   ～
9. ¿Para qué sirven unos guantes?   ～
10. ¿Para qué sirve una bicicleta?   ～

215. Recopilación de léxico. Haga frases con las siguientes palabras y expresiones.

hacer sol	lápiz de labios
cuarto de baño	cuadrado
tener prisa	guantes
jabón	corto
cuchara	miel

=== **APUNTES DE CLASE** ===

Unidad treinta y dos

216. Coloque los pronombres personales correspondientes junto a las formas del presente de indicativo del verbo *haber*.

_____ he
_____ has
_____ ha

_____ hemos
_____ habéis
_____ han

217. Identifique las formas verbales de la derecha con los pronombres de la izquierda.

yo	hemos
tú	he
él, ella, usted	habéis
nosotros, -as	han
vosotros, -as	has
ellos, -as, ustedes	ha

218. Dé los participios pasados correspondientes a los siguientes verbos en *-ar*, según el modelo.

MODELO: hablar ⟶ habl*ado*

tomar ⟶ tomado
trabajar ⟶ trabjado
comprar ⟶ comprado
esperar ⟶ esperado
llevar ⟶ llevado
estudiar ⟶ estudiado
usar ⟶ usado
recordar ⟶ recordado
gastar ⟶ gastado
pensar ⟶ pensado

219. Dé los participios pasados correspondientes a los siguientes verbos en *-er* e *-ir*, según el modelo.

MODELO:
$\begin{cases} \text{comer} \longrightarrow \text{com}\textit{ido} \\ \text{vivir} \longrightarrow \text{viv}\textit{ido} \end{cases}$

to drink beber ⟶ bebido
to ask pedir ⟶ pedido
to take/pick up. coger ⟶ cogido
to follow seguir ⟶ seguido
to learn aprender ⟶ aprendido
to raise (lift up subir ⟶ subido
to understand entender ⟶ entendido
to sleep dormir ⟶ dormido
to read leer ⟶ leído
to repeat repetir ⟶ repetido

220. Conjugue el pretérito perfecto de los siguientes verbos regulares según el modelo.

MODELO: pensar: *he pensado - has pensado - ha pensado - hemos pensado - habéis pensado - han pensado.*

empezar: he empezado / has empezado / ha empezado / hemos empezado / habéis empezado / han empezado
subir: he subido / has subido / ha subido / hemos subido / habéis subido / han subido
perder: he perdido / has perdido / ha perdido / hemos perdido / habéis perdido / han perdido
bajar: he bajado / has bajado / ha bajado / hemos bajado / habéis bajado / han bajado
mirar: he mirado / has mirado / ha mirado / hemos mirado / habéis mirado / han mirado
volar: he volado / has volado / ha volado / hemos volado / habéis volado / han volado

221. Haga preguntas correspondientes a estas respuestas utilizando la fórmula *por dónde...*

MODELO: A la estación se va por aquí. ⟶ *¿Por dónde se va a la estación?*

1. A Correos se va por esa calle. ⟶ ¿_____
2. A la Comisaría se va por la calle de la derecha. ⟶ ¿_____
3. Al hospital se va de frente. ⟶ ¿_____
4. A la farmacia se va por la izquierda. ⟶ ¿_____
5. Al Ayuntamiento se va por allí. ⟶ ¿_____
6. Al banco se va por el parque. ⟶ ¿_____
7. A la plaza de toros se va todo seguido. ⟶ ¿_____
8. A la estación se va por aquí. ⟶ ¿_____

222. Conteste a estas preguntas de salutación con *bien, mal* o *regular.*

1. ¿Cómo le va a usted? ⟶ Me va _____
2. ¿Cómo le va a su familia? ⟶ Le va _____
3. ¿Cómo os va a vosotros? ⟶ Nos va _____
4. ¿Cómo les va a tus hermanas? ⟶ Les va _____
5. ¿Cómo te va la vida? ⟶ Me va _____
6. ¿Cómo me va a mí? ⟶ Te va _____

223. ¿Cuál es la moneda de curso legal en los siguientes países?

_____ España
_____ Estados Unidos
_____ Alemania
_____ Portugal
_____ Japón
_____ Inglaterra
_____ Francia

_____ Argentina
_____ Suiza
_____ Rusia
_____ Italia
_____ Suecia
_____ Holanda
_____ Canadá

APUNTES DE CLASE

Segundo ciclo

Unidad treinta y tres

224. Ponga la forma apropiada del presente de *ser*, según los casos.

1. Carmen _____ telefonista.
2. (Nosotros) _____ estudiantes.
3. (Vosotras) _____ maestras.
4. (Tú) _____ taxista.
5. Luisa _____ pintora.
6. (Yo) _____ secretaria.
7. (Nosotros) _____ profesores.
8. (Ella) _____ peluquera.
9. (Yo) _____ poeta.
10. (Ellos) _____ marinos.

225. Ponga la forma negativa apropiada del presente de *ser* en estas frases.

1. Don Manuel _____ _____ cura.
2. (Ella) _____ _____ periodista.
3. (Ustedes) _____ _____ abogados.
4. (Él) _____ _____ médico.
5. (Tú) _____ _____ cartero.
6. (Ellas) _____ _____ intérpretes.
7. (Ellos) _____ _____ pescadores.
8. (Usted) _____ _____ militar.
9. (Yo) _____ _____ ingeniero.
10. (Ella) _____ _____ arquitecta.

226. Conteste a estas preguntas con nombres de actividades diferentes.

1. ¿Qué eres? ~
2. ¿Qué es (ella)? ~
3. ¿Qué somos? ~

4. ¿Qué soy yo? ~

5. ¿Qué son ustedes? ~

6. ¿Qué sois vosotras? ~

7. ¿Qué son (ellos)? ~

8. ¿Qué es usted? ~

227. Haga preguntas correspondientes a estas respuestas. Use *qué* o *cuál* y el presente de *ser*.

1. ¿_____ ? ⟶ Soy estudiante.

2. ¿_____ ? ⟶ Son obreros.

3. ¿_____ ? ⟶ Es pintora.

4. ¿_____ ? ⟶ Son ladrones.

5. ¿._____ ? ⟶ Es cura.

6. ¿_____ ? ⟶ Son maestras.

7. ¿_____ ? ⟶ Somos soldados.

8. ¿_____ ? ⟶ Es dentista.

9. ¿_____ ? ⟶ Soy intérprete.

10. ¿_____ de ustedes _____ francés? ⟶ Pierre lo es.

11. ¿_____ de ellas _____ alemana? ⟶ Helga lo es.

12. ¿_____ de nosotras _____ abogada? ⟶ Yo lo soy.

228. Antónimos de adjetivos. Coloque el adjetivo contrario que corresponda.

1. Barcelona es *grande*; Segovia es _____   antigua

2. Jorge es *fuerte*; Eleuterio es _____   oscuros

3. Tu suegra es *joven*; la mía es _____   vieja

4. Nueva York es una ciudad *moderna*; Roma es _____   pequeña

5. Yo tengo los ojos *claros*; tú los tienes _____   débil

6. El cointreau es *dulce*, la cerveza es _____   amarga

229. Conteste a estas preguntas con la palabra adecuada.

1. ¿Cómo se llama la primera comida del día? ~

2. ¿Cómo se llama la segunda comida del día? ~

3. ¿Cómo se llama la tercera comida del día? ~

4. ¿Cómo se llama la cuarta comida del día? ~

Unidad treinta y cuatro

230.
Conteste a estas preguntas con el verbo *ser*, según el modelo.

MODELO: ¿Es usted católico? → { *Sí*, soy católico.
{ *No*, no soy católico.

1. ¿Sois protestantes? → Sí, ~
2. ¿Son (ellos) católicos? → No, ~
3. ¿Es Carlos ateo? → Sí, ~
4. ¿Es Tiko budista? → No, ~
5. ¿Son (ellas) cristianas? → No, ~
6. ¿Es usted judío? → Sí, ~
7. ¿Es (él) mahometano? → No, ~

231.
Verbo *ser*. Conteste a estas preguntas según el modelo.

MODELO: ¿*Cuál* es la religión de usted? ~ *Yo soy* budista.

1. ¿Cuál es la religión de Fátima? ~
2. ¿Cuál es la religión de Yoko? ~
3. ¿Cuál es la religión de Robert? ~
4. ¿Cuál es la religión de Manuel? ~
5. ¿Cuál es la religión de Isaac? ~
6. ¿Cuál es la religión de Hans? ~
7. ¿Cuál es la religión de Mao? ~

232.
Ponga una forma apropiada del presente de *ser + de* en estas frases.

MODELO: El vestido *es de* Isabel.

1. Estos platos _____ _____ la vecina.
2. Los libros _____ _____ mi hermano.
3. El pañuelo _____ _____ esa señora.

4. El perro _____ _____ tu primo.

5. Esa casa _____ _____ don Luis.

6. La llave _____ _____ esta puerta.

7. Los muebles _____ _____ doña María.

8. Esta postal no _____ _____ Toledo.

233. Verbo *ser*. Conteste a estas preguntas libremente.

1. ¿De quién es este gato?   ~

2. ¿De quiénes son los zapatos?   ~

3. ¿De quién es el jabón?   ~

4. ¿De quién es esto?   ~

5. ¿De quiénes son las motos?   ~

6. ¿De quién es la muñeca?   ~

7. ¿De quiénes son los pasaportes?   ~

8. ¿De quién son los plátanos?   ~

234. Diga la forma contraria *(algo - nada)* según el modelo.

MODELO: Veo *algo* ≠ *No* veo *nada*.

1. Entienden algo ≠

2. No hay nada ≠

3. ¿Tomas algo? ≠

4. ¿Oye usted algo? ≠

5. Yo no sé nada ≠

6. ¿Haces algo? ≠

235. Modismos. Haga frases que tengan sentido con la siguientes.

Estar de pie.

Valer la pena.

Meter la pata.

No andarse por las ramas.

Estar hecho(a) polvo.

Estar de buenas (malas).

Ir al grano.

Unidad treinta y cinco

236. Ponga una forma apropiada del presente de *ser + de* en estas frases.

MODELO: La mesa *es de* madera.

1. La casa _____ _____ piedra.
2. La silla _____ _____ hierro.
3. Los vestidos _____ _____ papel.
4. El bolígrafo _____ _____ plástico.
5. Los jerseys _____ _____ lana
6. El vaso _____ _____ cristal.
7. Las paredes _____ _____ ladrillo.
8. Las medias _____ _____ nailon.
9. El anillo _____ _____ oro.
10. La ventana _____ _____ aluminio.

237. Verbo *ser*. Conteste a estas preguntas libremente.

1. ¿De qué es la pared?   ~
2. ¿De qué es la mesa?   ~
3. ¿De qué son los vestidos?   ~
4. ¿De qué es la silla?   ~
5. ¿De qué es el bolígrafo?   ~
6. ¿De qué es el vaso?   ~
7. ¿De qué es la casa?   ~
8. ¿De qué son las medias?   ~
9. ¿De qué es la taza?   ~
10. ¿De qué es la bolsa?   ~

238. Forme frases con *ser* de y una palabra de cada columna.

MODELO: El armario *es de* madera.

armario   piedra
chaqueta   plástico

barco	papel
espejo	hierro
plato	cristal
escaleras	madera
servilleta	acero
reloj	lana

239. Conteste a estas preguntas con un nombre de ciudad, región o provincia *(ser de)*.

MODELO: ¿De dónde es usted? ～ Soy de Hamburgo.

1. ¿De dónde es Helen? ～
2. ¿De dónde es Pepe? ～
3. ¿De dónde es Gretel? ～
4. ¿De dónde es Fátima? ～
5. ¿De dónde es Iván? ～

240. Conteste a estas preguntas con *ser* + adjetivo de nacionalidad.

MODELO: ¿De dónde es Humberto? ～ Es portugués.

1. ¿De dónde es Jean Batista? ～
2. ¿De dónde es Ula? ～
3. ¿De dónde es Milagros? ～
4. ¿De dónde es Paloma? ～
5. ¿De dónde son Cathy y Jack? ～
6. ¿De dónde es Paolo? ～
7. ¿De dónde es Pancho? ～

241. Diga la forma contraria *(todo ≠ nada)*, según el modelo.

MODELO: *Todo* es posible ≠ *Nada* es posible.

1. En este mercado todo es caro ≠
2. Nada es inútil ≠
3. Todo es verdad ≠
4. Aquí nada está en su sitio ≠
5. Ahora todo está bien ≠
6. Allí nada funcionaba ≠

242.

Forme exclamaciones con estas palabras y la partícula *qué*.

MODELO: hombre ➡ ¡*qué* hombre!

hombre ➡

bonito ➡

mujer ➡

lejos ➡

coche ➡

aburrido ➡

interesante ➡

tarde ➡

temprano ➡

bueno ➡

estupendo ➡

cosas ➡

APUNTES DE CLASE

Unidad treinta y seis

243.
Verbo *ser*. Complete las siguientes frases, usando un infinitivo, según el modelo.

MODELO: Es interesante ➤ Es interesante conocer países.

1. Es necesario ➤
2. Es importante ➤
3. Es bueno ➤
4. Es útil ➤
5. Es malo ➤
6. Es fácil ➤
7. Es difícil ➤
8. Es corriente ➤
9. Es estupendo ➤
10. Es lógico ➤

244.
Use *es + adjetivo* delante de estas palabras. (Véase ejercicio anterior.)

1. _____ _____ visitar los museos.
2. _____ _____ acostarse temprano.
3. _____ _____ no comer mucho.
4. _____ _____ dormir la siesta.
5. _____ _____ pasear.
6. _____ _____ aprender lenguas.
7. _____ _____ aprender el chino.
8. _____ _____ fumar.
9. _____ _____ tener buena salud.
10. _____ _____ protegerse.

245.
Ponga la forma apropiada del presente de *ser* en estas frases.

1. El Tajo _____ un río.
2. Alemania _____ un país.

3. El Mediterráneo _____ un mar.

4. El Mont Blanc _____ una montaña.

5. Valencia _____ una ciudad.

6. Los coches _____ máquinas.

7. Los sofás _____ muebles.

8. El chorizo y la morcilla _____ embutidos.

246.
Conteste a estas preguntas con una forma apropiada del presente de *ser*. Use nombres de ciudades o regiones.

MODELO: ¿De dónde *eres*?   ∼   *Soy* de Asturias.

1. ¿De dónde es usted?   ∼

2. ¿De dónde somos?   ∼

3. ¿De dónde es Helga?   ∼

4. ¿De dónde sois?   ∼

5. ¿De dónde son usted y su mujer?   ∼

6. ¿De dónde son tus primos?   ∼

7. ¿De dónde es Chomin?   ∼

8. ¿De dónde son ustedes?   ∼

247.
Conteste en forma negativa (con *alguien* ≠ *nadie*) a estas preguntas.

MODELO: ¿Conoces a *alguien* aquí?   ∼   No, *no* conozco a *nadie* aquí.

1. ¿Quiere Helga a alguien?   ∼   No, ...

2. ¿Busca usted a alguien?   ∼   No, ...

3. ¿Veis a alguien?   ∼   No, ...

4. ¿Piensas en alguien?   ∼   No, ...

5. ¿Hablan (ellas) con alguien?   ∼   No, ...

6. ¿Llamó alguien?   ∼   No, ...

248.
Conteste a estas preguntas utilizando una expresión de la columna de la derecha (modismos con medios de locomoción).

1. ¿Cómo se va al teatro?   ∼   en tren

2. ¿Cómo se va a América?   ∼   en avión

3. ¿Cómo se va a esa isla?   ∼   en barco

4. ¿Cómo se va a tu casa?   ∼   a pie

5. ¿Cómo se va al club?   ∼   en metro

6. ¿Cómo se va a Salamanca?   ∼   en autobús

Unidad treinta y siete

249. Verbo *ser*. Conteste a estas preguntas con los colores de la lista de la derecha.

MODELO: ¿*De qué color* es la pizarra? ～ Es negra.

1. ¿De qué color son sus ojos? ～   negro
2. ¿De qué color son esos guantes? ～   blanco
3. ¿De qué color es el suelo? ～   verde
4. ¿De qué color es la alfombra? ～   azul
5. ¿De qué color son las sábanas? ～   rojo
6. ¿De qué color es esa flor? ～   amarillo
7. ¿De qué color es la habitación? ～   gris

250. Verbo *ser*. Ponga *buen* o *mal* en estas frases, según el modelo.

MODELO:
{ Es un *buen* muchacho ≠ es un *mal* muchacho.
Es un *mal* año ≠ es un *buen* año. }

1. Es un mal día ≠
2. Eres un buen hijo ≠
3. Usted es un mal amigo ≠
4. Es un mal verso ≠
5. Eres un buen médico ≠
6. Es un mal hospital ≠

251. Verbo *ser*. Ponga *bueno* o *malo* en estas frases, según el modelo.

MODELO: Es un médico *bueno* ≠ es un médico *malo*.

1. Es un rey bueno ≠ _____
2. Es un hotel malo ≠ _____

3. Eres un pintor bueno ≠ _____

4. Usted es un conductor malo ≠ _____

5. Es un programa bueno ≠ _____

6. Es un peine malo ≠ _____

252. Diga lo contrario, con *siempre* o *nunca*, según los casos.

1. Siempre viajo solo ≠

2. José nunca dice la verdad ≠

3. Siempre conducen deprisa ≠

4. Nunca salimos los sábados ≠

5. ¿Siempre comes en casa? ≠

6. ¿Siempre duermes la siesta? ≠

253. Fíjese en el uso y significado de las exclamaciones en cursiva.

1. *¿Cómo?* ¿Quiere repetir?

2. *¡Venga!* ¡Se va el autobús!

3. *¡Caramba!* ¿Ya estás aquí?

4. *¡Vamos!* ¡Hay que trabajar!

5. *¡Cuidado!* ¡El perro muerde!

6. *¡Jolín!* ¡Qué burro!

254. Use las exclamaciones del ejercicio anterior en contextos similares.

¿Cómo?   ¡Cuidado!

¡Vamos!   ¡Caramba!

¡Venga!   ¡Jolín! (Jolines)

=== **APUNTES DE CLASE** ===

Unidad treinta y ocho

255. Conteste a las siguientes preguntas con el presente de *estar*.

MODELO: ¿En qué ciudad está el Museo del Louvre?   ~   *Está* en París.

1. ¿En qué país está Bonn?   ~
2. ¿En qué país está Tejas?   ~
3. ¿En qué ciudad está el Museo del Prado?   ~
4. ¿En qué ciudad está el Museo Británico?   ~
5. ¿En qué continente está el río Nilo?   ~
6. ¿En qué mar está Sicilia?   ~
7. ¿En qué país está Tokio?   ~
8. ¿En qué continente está Nigeria?   ~

256. Haga oraciones con el presente de *estar* y las siguientes expresiones de lugar.

en casa
en el mercado
en la calle
en la iglesia
en el metro
en la clase

en la piscina
en el tren
en la playa
en el jardín
en la plaza
en el partido

257. Use estas expresiones en frases completas con el presente de *estar*.

MODELO: Correos *está a la derecha*.

1. a la izquierda
2. en el centro
3. dentro
4. fuera
5. delante

6. detrás
7. arriba
8. abajo
9. encima
10. debajo

258. *Estar* (posición). Haga preguntas adecuadas con *dónde* y conteste con las expresiones adverbiales del ejercicio anterior.

> MODELO: ¿Dónde está el gato? → Está fuera.

259. Uso obligatorio con *estar*. Haga frases en presente con estos adjetivos de estado.

dormido	acostado
vestido	satisfecho
desnudo	encantado
contento	asustado
enfermo	enamorado
sentado	rendido

260. Diga la forma negativa, según el modelo.

> MODELO: Estudio *siempre* de noche. → No estudio *nunca* de noche.

1. Leemos siempre en la cama → _____
2. Escuchan siempre la radio → _____
3. Voy siempre a pie → _____
4. Juan lleva siempre gafas de sol → _____
5. Tenemos siempre tiempo → _____
6. Los veo siempre en la discoteca → _____
7. Fuma siempre puros → _____
8. Pienso siempre en mi novio → _____

261. ¿Cuál es el cambio oficial actual de las siguientes monedas?

marco	lira
libra	escudo
dólar	corona
franco francés	peso
yen	florín

Unidad treinta y nueve

262. Ponga una forma apropiada del presente de *ser* o *estar*, según los casos.

1. El toro _____ un animal.
2. Pekín _____ en China.
3. Las camas _____ muebles.
4. La comida _____ en la nevera.
5. Mi pueblo _____ en Andalucía.
6. La aspirina _____ una medicina.
7. El pescado _____ en la cocina.
8. La carne _____ de ternera.
9. Luisa y Marta _____ tacañas.
10. Yo _____ maravillosa.

263. Ponga una forma apropiada de *ser* o *estar* en estas frases.

1. El bar _____ vacío.
2. Su marido _____ muy inteligente.
3. Ese pintor _____ famoso.
4. El cubo _____ lleno.
5. El director _____ simpático.
6. (Nosotros) _____ cansados.
7. Tu tía _____ enfadada con nosotros.
8. Su hermano no _____ sincero.
9. Nosotras _____ hechas polvo.
10. Esas chicas _____ serviciales.

264. Ponga una forma apropiada de *ser* o *estar* en estas frases.

1. Eso no _____ justo.
2. Las niñas _____ dormidas.
3. ¿No _____ (vosotros) contentos?

4. La música folk _____ muy popular.

5. La película _____ muy divertida.

6. ¿_____ (vosotras) ya vestidas?

7. Estos casos _____ extraños.

8. El niño _____ desnudo.

265. Use *bastante(s)* en estas frases.

1. ¿Tienes _____ dinero para comprar este coche?

2. No tengo _____ tiempo para jugar al golf.

3. ¿Hay _____ platos?

4. No tienen _____ servilletas.

5. ¿Hay _____ luz en esta habitación?

6. Estamos _____ satisfechas.

7. Son _____ listas.

8. ¿No tenéis _____ comida y bebida?

266. Régimen preposicional. Rellene los puntos con las preposiciones *a(l)* o *de(l)*, según convenga.

1. ¿De dónde vienes? ∼ Vengo _____ la oficina.

2. ¿Adónde va usted? ∼ Voy _____ la biblioteca.

3. ¿Vas a volver a Inglaterra este año? ∼ No, voy a volver _____ Suiza.

4. ¿Cuándo vuelve _____ vacaciones?

5. ¿A qué vienen los turistas? ∼ Vienen _____ conocer España.

6. ¡Saca el coche _____ (el) garaje!

7. ¿Por qué no vas _____ (el) cine esta tarde?

8. ¡De Madrid _____ (el) cielo!

9. Llegaron _____ (el) pueblo.

10. Vienen _____ (el) teatro.

267. Fíjese en el uso y significado de las exclamaciones en cursiva.

1. ¡*Oye!* ¿Tienes un cigarrillo?

2. ¡*Oiga*, señorita! ¿Es suyo ese bolso?

3. ¡*Dios mío!* ¡Qué horrible!

4. ¿Vas a la fiesta esta noche? ～ ¡Claro!

5. ¿Tienes frío? ～ ¡Qué va!

6. Casi me mato. ¡Qué horror!

268. Use las exclamaciones siguientes en contextos apropiados.

¡Oye!   ¡Jo!
¡Dios mío!   ¡Andá!
¡Oiga!   ¡Qué asco!
¡Claro!   ¡Hala!

APUNTES DE CLASE

Unidad cuarenta

269.
Ponga una forma apropiada del presente de *ser* o *estar*, según casos.

1. _____ las siete; _____ tarde.
2. La casa _____ delante y el jardín _____ detrás.
3. _____ temprano; podemos hablar un poco más.
4. El dormitorio _____ arriba; el salón _____ abajo.
5. ¡Anda más rápido; _____ tarde!
6. ¡Mamá, Pedro _____ abajo!
7. Los platos _____ encima, las copas _____ debajo.
8. (Yo) _____ delante, ¿donde _____ (ella)?

270.
Ponga una forma apropiada del presente de *ser* o *estar* en estas frases.

1. Mi abuela _____ enferma.
2. Eso no _____ necesario.
3. No me gusta _____ sentado mucho tiempo.
4. «España _____ diferente.»
5. Esa mujer _____ muy interesante.
6. En estos momentos, (ella) _____ acostada.
7. Los temas de la reunión _____ importantes.
8. Sara _____ enamorada.

271.
Ponga la forma de presente apropiada de *ser* o *llegar* en estas frases.

1. Mañana _____ tarde.
2. Antonio siempre _____ tarde.
3. Todavía _____ temprano para comer.
4. Nunca (nosotros) _____ tarde a clase.
5. Elisa _____ temprano a la universidad.
6. ¿Qué hora es? — _____ tarde.

7. El cartero ———————— temprano.

8. El camión ———————— muy tarde.

272.

Complete la forma apropiada de *buen, -o, -a, -os, -as* o *mal, -o, -a, -os, -as,* según los casos.

1. Hoy hace b ———————— día.
2. En el mundo hay gente m ————————
3. La paella está b ————————
4. Trabajar es b ————————
5. Son b ———————— sábanas.
6. Ése es un m ———————— ejemplo.
7. Son b ———————— escultores.
8. Tenemos m ———————— noticias.
9. Ése es un libro m ————————
10. Es un b ———————— soldado.
11. Vives en un m ———————— sitio.
12. Van a restaurantes m ————————

273.

Recopilación de léxico. Haga frases con las siguientes palabras y exclamaciones.

yen	encima
fuera	¡qué asco!
libra	tacaño
amargo	¡jo!
¡claro!	desayuno
¿cómo?	¡oiga!

274.

Recopilación de léxico. Haga frases con las siguientes palabras y exclamaciones.

detrás	¡caramba!
merienda	bolso
¡Dios mío!	nevera
¡cuidado!	servilleta
marco	bebida
débil	servicial
a la izquierda	partido

Unidad cuarenta y uno

275. Presente (i/ie). Cambie según el modelo.

MODELO: (Yo) qu*i*ero un helado ⟶ { (Nosotros) quer*e*mos
(Vosotros) quer*é*is

1. Carmen entiende la lección ⟶ { (Nosotros) *entendemos*
(Vosotros) *entendeis*

2. (Yo) prefiero el mar ⟶ { (Nosotros) *preferemos*
(Vosotros) *prefereis*

3. Mi hijo quiere una moto nueva ⟶ { (Nosotros) _____
(Vosotros) _____

4. Tú defiendes a los débiles ⟶ { (Nosotros) _____
(Vosotros) _____

276. Presente (o/ue). Cambie según el modelo.

MODELO: (Ellos) rec*u*erdan la música ⟶ { (Nosotros) rec*o*rdamos
(Vosotros) rec*o*rdáis

1. (Yo) vuelvo temprano ⟶ { (Nosotros) *volvemos*
(Vosotros) *volveis*

2. (Ella) duerme mucho ⟶ { (Nosotros) _____
(Vosotros) _____

3. (Usted huele bien) *smell.* ⟶ { (Nosotros) *olemos*
(Vosotros) *oleís*

4. (Ella) suele comer poco ⟶ { (Nosotros) _____
(Vosotros) _____

277. Presente (e/i). Cambie según el modelo.

MODELO: (Nosotros) servimos la comida → { (Tú) sirves
{ (Ustedes) sirven

1. (Vosotras) repetís mis palabras → { (Ella) __repite__
{ (Usted) __repite__

to ask for.

2. (Nosotros) pedimos la cuenta → { (Ellos) __piden__
{ (Yo) __pido__

to follow

3. (Vosotros) seguís las instrucciones → { (Ellas) __siguen__
{ (Tú) __sigues__

SEGUIR

4. (Nosotras) medimos la distancia → { (Yo) _____
{ (Tú) _____

278. Género. Dé el femenino de estas palabras.

MODELO: el hombre → la mujer.

el padre → la _____
el papá → la _____
el macho → la _____
el toro → la _____
el gallo → la _____
el padrino → la _____

279. Género. Adjetivos invariables. Use estos adjetivos con nombres masculinos y femeninos apropiados.

mejor	mayor
menor	grande
libre	terrible
peor	fácil
natural	difícil
fuerte	simple

280.

Demostrativos. Haga según el modelo.

MODELO: Este lápiz es duro; (ahí) *ese*, no.

1. Esta cuchara es de plata; (allí) _____, no.
2. Esa taberna es típica; (aquí) _____, no.
3. Aquel hospital es grande; (ahí) _____, no.
4. Esas camas son blandas; (aquí) _____, no.
5. Esta carne es de vaca; (ahí) _____, no.
6. Aquella lámpara es de plástico; (aquí) _____, no.

281.

Posesivos. Ponga la forma apropiada.

1. Nuestros camiones son seguros; los (de vosotros) _____, también.
2. Esta manzana está verde; la (de ella) _____, también.
3. Vuestro hijo es muy alegre; el (de nosotros) _____, también.
4. Esa universidad es antigua; la (de ustedes) _____, también.
5. Tu paraguas es barato; el (de mí) _____, también.
6. Estos esquíes son muy caros; los (de él) _____, también.
7. Nuestro maestro es excelente; el (de ti) _____, también.
8. Este salón es oscuro; el (de usted) _____, también.

282.

Numerales. Lea estas frases.

1. Hoy es 27 de marzo de 1999.
2. Mi teléfono es el 91 644 98 76.
3. Este tren puede ir a 300 kilómetros por hora.
4. Siempre bebo 1/2 botella de vino en las comidas.
5. Maruja vive en la plaza de la Constitución, número 27, piso 3.º
6. 1936-1939 son los años de la guerra civil española.

APUNTES DE CLASE

Unidad cuarenta y dos

283. Presente *(g/j; c/z)*. Cambie según el modelo.

MODELO: (Ellos) *cogen* el tren ➝ (Yo) *cojo*

1. (Nosotros) vencemos las dificultades ➝ (Yo) <u>Venzo</u>
2. (Tú) exiges una explicación ➝ (Yo) <u>exjigo</u> *demand*
3. La alumna coge la tiza ➝ (Yo) <u>cojo</u>
4. Ella recoge la correspondencia ➝ (Yo) <u>recojo</u>
5. Usted convence a la gente ➝ (Yo) <u>Convenzo</u>

284. Presente *(c/zc)*. Cambie según el modelo.

MODELO: (Ellos) *traducen* muy bien ➝ (Yo) *traduzco*

quickly/hurridly

1. (Usted) no conoce esa expresión ➝ (Yo) <u>Conozco</u>
2. (Él) conduce muy deprisa ➝ (Yo) <u>Conduzco</u>
3. (Nosotros) traducimos poco ➝ (Yo) <u>traduzco</u>
4. (Tú) mereces lo mejor ➝ (Yo) <u>merezco</u>   *take/drive*
5. (Vosotros) reconocéis la verdad ➝ (Yo) <u>reconozco</u>

deserve.

285. Presente *(jugar, construir)*. Ponga la forma adecuada del presente.

council

1. El Ayuntamiento (construir) <u>construye</u> un hospital moderno.
2. (Vosotros-jugar) <u>jugaís</u> muy bien.
3. (Nosotros-construir) <u>Construimos</u> una casa de campo.
4. La niña (jugar) <u>jugas</u> en el jardín.
5. (Vosotros-construir) <u>construís</u> el edificio muy despacio.
6. (Yo) no (jugar) <u>juego</u> al fútbol.

286. Género nombres. Dé el masculino de estas palabras.

MODELO: la hembra ➤ el macho/el varón.

la mujer ➤ el _____
la gallina ➤ el _____
la vaca ➤ el _____
la mamá ➤ el _____
la madrina ➤ el _____
la abuela ➤ el _____

287. Demostrativos. Haga según el modelo.

MODELO: Me gusta ese cuadro; (el cuadro, ahí) *ése*, no.

1. Nos gustan esas cosas; (las cosas, aquí) _____, no.
2. A usted le gusta este teatro; (el teatro, allí) _____, no.
3. A ti te gusta aquel periódico; (el periódico, aquí) _____, no.
4. A ellos les gusta este olor; (el olor, ahí) _____, no.
5. A vosotros os gusta ese animal; (el animal, allí) _____, no.
6. A ustedes les gustan esas costumbres; (las costumbres, aquí) _____, no.
7. A él le gusta esa chica; (la chica, aquí) _____, no.
8. A ella le gustan esos helados; (los helados, aquí) _____, no.

288. Posesivos (posición). Haga según el modelo.

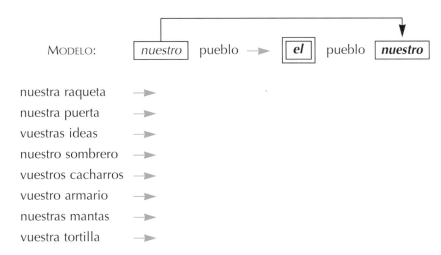

MODELO: nuestro pueblo ➤ el pueblo nuestro

nuestra raqueta ➤
nuestra puerta ➤
vuestras ideas ➤
nuestro sombrero ➤
vuestros cacharros ➤
vuestro armario ➤
nuestras mantas ➤
vuestra tortilla ➤

289.

Posesivos (posición). Haga según el modelo.

MODELO: | mi | pelota ⟶ la pelota | mía |

tu botella ⟶

mis vestidos ⟶

su cuchara (de usted) ⟶

tus hermanos ⟶

mis guantes ⟶

su armario (de él) ⟶

tus sábanas ⟶

su filete (de ella) ⟶

su guitarra (de ellos) ⟶

sus mantas (de ustedes) ⟶

290.

Género. Señale con una cruz los adjetivos invariables de esta lista.

puro	mayor
amable	negro
peor	listo
ancho	barato
viejo	ideal
simple	corriente
legal	árabe
serio	posible
correcto	siguiente

═══ **APUNTES DE CLASE** ═══

Unidad cuarenta y tres

291. Presente. Verbos de irregularidad común. Conteste a estas preguntas.

1. ¿Qué quiere usted? ~ (Yo) _quiero un café_
   want
2. ¿Entienden ustedes bien? ~ Sí, (nosotros) _entendemos_ la Classe
   learn
3. ¿Cuándo vuelves? ~ _____
   return
4. ¿Quién sirve el desayuno? ~ Pedro _Sirve_
   serve   breakfast
5. ¿Qué pedís? ~ (Nosotros) _pedimos_
   order
6. ¿A quién recuerdas más? ~ (Yo) _recuerdo_ remember - memoires.
7. ¿A quiénes defendéis? ~ (Nosotras) _____
8. ¿Qué medís? ~ (Nosotros) _____
   to measure

292. Género. Sustantivos en -e. ¿Masculino o femenino?

MODELO: *el* baile / *la* gripe.

_____ peine.   _____ paisaje.

_____ costumbre.   _____ postre.

_____ fuente.   _____ nube.

_____ billete.   _____ sobre.

_____ paquete.   _____ doblaje.

293. Dé el adjetivo contrario.

MODELO: *pequeño* ≠ *grande.*

caro   ≠ _____   delgado   ≠ _____

nuevo   ≠ _____   antiguo   ≠ _____

dulce   ≠ _____   alegre   ≠ _____

feo   ≠ _____   tonto   ≠ _____

bueno   ≠ _____   blanco   ≠ _____

difícil   ≠ _____   corto   ≠ _____

294. Dé las formas del pronombre personal objeto correspondiente, según el modelo.

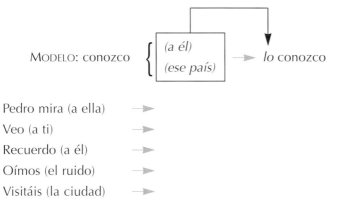

MODELO: conozco { (a él) / (ese país) } → *lo* conozco

Pedro mira (a ella) →
Veo (a ti) →
Recuerdo (a él) →
Oímos (el ruido) →
Visitáis (la ciudad) →
Escribo (la carta) →
Lavamos (el coche) →
Quiero (a ti) →
Vemos (a usted) →
Cantan (la canción) →
Arreglamos (el jardín) →

295. Pronombres redundantes. Ponga los dos pronombres, según el modelo.

MODELO: (Yo) _____ _____ _____ gusta pasear. → *A mí me* gusta pasear.

1. (Tú) _____ _____ _____ gusta pasear.
2. (Él, ella, usted) _____ _____ _____ gusta pasear.
3. (Nosotros, -as) _____ _____ _____ gusta pasear.
4. (Vosotros, -as) _____ _____ _____ gusta pasear.
5. (Ellos, -as, ustedes) _____ _____ _____ gusta pasear.
6. (Juan y Luis) _____ _____ _____ gusta pasear.

296. Posesivos (posición). Ponga la forma apropiada del posesivo en estas frases.

1. ¡Enséñame ese cuadro (de ti) _____!
2. Me gustan esas botas (de ellos) _____
3. ¡Arreglad el coche (de Pedro) _____!
4. ¿Quieres traerme las tijeras (de mamá) _____?
5. A mí me gusta conducir el coche (de mis padres) _____
6. No vamos a la fiesta (de Jaime) _____
7. ¡No le regales las fotos (de Laura) _____!

297. Antónimos adverbiales y preposicionales. Dé la expresión de significado contrario a la que aparece en cursiva.

1. El banco está *a la izquierda.*

   _____

2. La iglesia está *fuera de* la ciudad.

   _____

3. El sobre está *debajo del* libro.

   _____

4. El restaurante está *detrás de* la tienda.

   _____

5. El talonario está *encima.*

   _____

6. La foto está *al revés.*

   _____

APUNTES DE CLASE

Unidad cuarenta y cuatro

298. Presente (irregularidad ortográfica). Ponga la forma correcta.

1. (Yo) no (coger) __cojo__ el coche.
2. (Yo) no (conducir) __conduzco__ en la ciudad.
3. (Él-traducir) __traduce__ bien el ruso.
4. (Ellos-construir) __construyen__ un campo de fútbol. (football pitch)
5. ¿Dónde (jugar) __jugáis__ (vosotros)?
6. Yo no (cocer) __cuezo__ habas. (beans).

299. Verbos irregulares. Ponga la forma correcta del presente.

1. (Yo) no (saber) __se__ gramática.
2. ¿Qué (hacer) __haces__ (tú)? — (Yo-hacer) __hago__ la comida.
3. ¿Dónde (ir) __van__ ustedes? — (Nosotros-ir) __vamos__ a la estación.
4. ¿(Dar) __Da__ usted propina en el restaurante? — (Yo) no (dar) __doy__ propina.

tip

5. (Yo-traer) __traigo__ la compra del mercado. — purhase mercado

Bring 6. (Yo-poner) __pongo__ la calculadora encima del estante. (rack/stand/shelf).

above
over

300. Presente (verbos irregulares). Haga preguntas apropiadas para estas respuestas.

go out late

1. Salgo tarde de la oficina. → ¿Cuándo __sales__ ?
2. Digo la verdad. → ¿Qué __dices__ ? podeis hacer
3. Nosotros podemos hacer las camas. → ¿Qué ~~podéis hacer~~ (vosotros)?
4. Pongo el cuchillo en la mesa. beds → ¿Dónde __pones__ (tú)?
5. Oigo un ruido desagradable. noise → ¿Qué __oyes?__ (tú)?
6. (Yo) hago muchos regalos. → ¿Qué __hace__ ella?
gifts/
presents

301. Comparación del adjetivo (más... que).

MODELO: El padre es alto; el hijo es bajo. ➡ El padre es *más alto que* el hijo.

1. El periódico es barato; la revista es cara. ➡
2. La chica es lista; el chico es tonto. ➡
3. La sopa está caliente; la carne está fría. ➡
4. El té está dulce; el café está amargo. ➡
5. La primavera es alegre; el invierno es triste. ➡
6. Las tijeras son cortas; el cuchillo es largo. ➡
7. Isabel es guapa; mi prima es fea. ➡
8. El vídeo es grande; la calculadora es pequeña. ➡

302. Posesivos (posición). Ponga la forma apropiada del posesivo en estas frases.

1. No comprendo las explicaciones (del profesor) _____
2. ¡No compréis las flores (de ella) _____ !
3. Yo siempre compro en la tienda (de ustedes) _____
4. ¡Comed en el restaurante (de Mario) _____ !
5. ¡Cuida esos ojos (de ti) _____ !
6. ¿Por qué no limpias esos pantalones (de él) _____ ?
7. ¡No te pongas el pijama (de tu hermano) _____ !
8. ¡Lee estos poemas (de mí) _____ !

303. Personales objeto. Posición. Dé las formas del pronombre correspondiente, según el modelo.

MODELO: veo {
(a ellos)
(los cuadros) ➡ *los* veo
(a ustedes).
}

enviamos (los paquetes) ➡ _____

saludan (a nosotros) ➡ _____

cantan (las canciones) ➡ _____

invitan (a Lucía y a Luisa) ➡ _____

recuerdo (a ustedes) ➡ _____

repiten (las frases) ➡ _____

comprenden (a vosotras) ➡ _____

acompaño (a ellas)   ⟶   _____

oigo (a vosotros)   ⟶   _____

reciben (a nosotros)   ⟶   _____

304. Género de los sustantivos. Masculino o femenino sin cambio.

MODELO: *el* artista / *la* artista.

_____ periodista / _____ periodista.

_____ dentista / _____ dentista.

_____ estudiante / _____ estudiante.

_____ intérprete / _____ intérprete.

_____ taxista / _____ taxista.

_____ telefonista / _____ telefonista.

305. Modismos. Haga frases que tengan sentido.

ir de paseo.

ir de compras.

estar de acuerdo.

no tener otro remedio que.

quedar con alguien.

llevarse bien (mal) con alguien.

APUNTES DE CLASE

Unidad cuarenta y cinco

306. Verbos regulares. Ponga el verbo en la forma apropiada del imperativo.

1. ¡No (usar) _____ (tú) ese cepillo!
2. ¡(Comprar) _____ (usted) plátanos!
3. ¡(Mirar) _____ (tú) esta foto!
4. ¡No (tomar) _____ (usted) el sol!
5. ¡No (meter) _____ (vosotros) estos versos!
6. ¡(Aprender) _____ (vosotros) estos verbos!
7. ¡(Comer) _____ (usted) más carne!
8. ¡(Escribir) _____ (tú) más claro!
9. ¡No (estropear) _____ (usted) la pluma!
10. ¡No (empeñarse) _____ (tú) en hacerlo!

307. Irregularidad común. Ponga el verbo en la forma apropiada del imperativo.

1. ¡(Pensarlo) _____ (tú) bien!
2. ¡(Soltarme) _____ (vosotros)!
3. ¡(Volver) _____ (usted) pronto!
4. ¡(Repetir) _____ (tú) la pregunta!
5. ¡(Pedir) _____ (tú) la cuenta!
6. ¡(Servir) _____ (usted) el segundo plato!
7. ¡(Despertarla) _____ ustedes!
8. ¡(Recordar) _____ (tú) este número de teléfono!
9. ¡(Envolver) _____ (vosotras) los paquetes!
10. ¡(Dormir) _____ (ustedes) tranquilas!

308. Cambio ortográfico. Ponga el verbo en la forma apropiada del imperativo.

1. ¡(Conducir) _____ (usted) por la derecha!
2. ¡No lo (traducir) _____ (tú) ahora!
3. (Pagar) _____ (ustedes) los impuestos!

4. ¡Niño, no (coger) _____ eso!

5. ¡(Corregir) _____ (ustedes) las faltas!

6. ¡(Sustituir) _____ (usted) esta palabra!

7. ¡(Reconocer) _____ (ustedes) _____ la verdad!

8. ¡(Convencer) _____ (vosotros) a Isabel!

309. Comparación del adjetivo *(tan...como)*.

MODELO: Margarita y Alicia son inteligentes. ⟶ Margarita es *tan* inteligente *como* Alicia.

1. La escuela y la Universidad son importantes. ⟶

2. El mar y el cielo son azules. ⟶

3. El paraguas y el sombrero son prácticos. ⟶

4. La inteligencia y la memoria son necesarias. ⟶

5. La naranja y la manzana son sanas. ⟶

6. Los toros y el fútbol son populares. ⟶

7. El ordenador y el teléfono son útiles. ⟶

8. Pablo y Arturo son ligones. ⟶

310. Pronombres personales objeto. Posición.

MODELO: Veo *a Juan* en el patio. ⟶ *Lo* veo en el patio.

1. Todos recordamos *a vosotros* mucho. ⟶

2. Lava *la ropa* los sábados. ⟶

3. Saludan *a nosotros* todos los días. ⟶

4. No comprendo *a ti* muy bien. ⟶

5. No oímos *la campana de la iglesia.* ⟶

6. Visitan *el parque zoológico.* ⟶

7. Vemos *las nubes.* ⟶

8. Acompaña *a mí* a la Universidad. ⟶

9. Esperamos *a vuestros amigos* en la esquina de la calle. ⟶

10. Pongo *el vaso* en la mesa. ⟶

311. Género. Ponga *un* o *una*, según corresponda.

MODELO: *un* problema / *una* moto.

_____ mapa.   _____ costumbre.

_____ billete.   _____ foto.

_____ nube.   _____ cárcel.

_____ día.   _____ idioma.

_____ postal.   _____ noche.

_____ animal.   _____ problema.

_____ pie.   _____ panorama.

APUNTES DE CLASE

Unidad cuarenta y seis

312.
Irregularidad propia. Ponga el verbo en la forma apropiada del imperativo.

1. ¡(Venir) _____ (tú) en seguida!
2. ¡No (jugar) _____ (tú) al balón en el jardín!
3. ¡No lo (poner) _____ (vosotros) en el suelo!
4. ¡(Hacerlo) _____ (tú) con cuidado!
5. ¡(Ser) _____ (tú) buena!
6. ¡(Ir) _____ (tú) allí!
7. ¡No (decir) _____ (usted) mentiras!
8. ¡(Ponerlo) _____ (ustedes) en la mesa!
9. ¡(Salir) _____ (tú) de aquí!
10. ¡(Oír) _____ señor!

313.
Verbos irregulares. Ponga el verbo en la forma apropiada del imperativo.

1. ¡(Darme) _____ (tú) un poco más!
2. ¡(Traerlo) _____ (usted) en la cartera!
3. ¡(Ponerlo) _____ (ustedes) en el dormitorio!
4. ¡(Decírselo) _____ (usted) con flores!
5. ¡(Hacerme) _____ (usted) un favor!
6. ¡(Irse) _____ (tú) en seguida!
7. ¡(Valer) _____ Dios!

314.
Número. ¿Cuáles de estas palabras admiten el singular? Márquelas con una X.

papás	reyes
leyes	gafas
vacaciones	meses
tijeras	pantalones
sofás	alrededores

315. Haga frases con *jugar a(l)* y estas palabras.

fútbol	los bolos
tenis	bingo
las cartas	la lotería
golf	las quinielas
baloncesto	el ajedrez

316. Comparación del adjetivo *(no tan...tanto...como)*.

MODELO: Estos pantalones son nuevos; estos zapatos, no. ➝ Estos zapatos *no* son *tan nuevos como* estos pantalones.

1. La secretaria es amable; el director, no. ➝
2. El sillón es cómodo; el sofá, no. ➝
3. El camino es estrecho; la carretera, no. ➝
4. Teresa es feliz; Juan, no. ➝
5. Mi padre es joven; mi tío, no. ➝
6. Jaime es trabajador; Diego, no. ➝
7. En el otoño llueve; en el verano, no. ➝
8. Sofía estudia; Ramón, no. ➝

317. Pronombres personales objeto. Posición. Haga según el modelo.

MODELO: Escribo una carta a mi novia. ➝ *Le* escribo una carta.

1. Dan un regalo *a mí*. ➝
2. Ofrecemos un trabajo *a ti*. ➝
3. Explico el problema *a él*. ➝
4. (Él) hace una pregunta *a usted*. ➝
5. Traen los huevos *a nosotros*. ➝
6. Doy mi dirección *a vosotros*. ➝
7. Pido un favor *a ellas*. ➝
8. Enviamos una postal *a ustedes*. ➝

318.

318. Demostrativos. Conteste a estas preguntas según el modelo.

MODELO: ¿Es este libro inglés? ~ { Sí, *éste* es inglés.
                                      No, *éste* no es inglés.

1. ¿Son estos ejercicios fáciles? ~ No, _____
2. ¿Está esa sopa caliente? ~ Sí, _____
3. ¿Están aquellas montañas muy lejos? ~ No, _____
4. ¿Es aquella chica popular? ~ Sí, _____
5. ¿Es este obrero vago? ~ No, _____
6. ¿Es ese niño muy hablador? ~ Sí, _____
7. ¿Son esos barcos de madera? ~ No, _____
8. ¿Son aquellas leves iustas? ~ Sí, _____

319. Antónimos de adjetivos. Dé el adjetivo que expresa la idea contraria a los siguientes.

simpático   trabajador
rico   aburrido
moreno   lento

APUNTES DE CLASE

Unidad cuarenta y siete

320. Expresión de tiempo futuro inmediato. Conteste a estas preguntas con *ir a* + infinitivo.

1. ¿Cuándo vas a escribir la carta?   ~
2. ¿Dónde va usted a lavar la ropa?   ~
3. ¿Cuánto dinero me vas a dar?   ~
4. ¿En qué van ustedes a ir allí?   ~
5. ¿De qué color vais a pintar las paredes?   ~
6. ¿Con quién van (ellos) a salir esta noche?   ~

321. Expresión de tiempo futuro. Haga preguntas con *ir a* + infinitivo apropiadas a estas respuestas.

1. Van a cerrar el portal a las once. ⟶ ¿A qué hora _____ ?
2. Voy a cortarme el pelo mañana. ⟶ ¿Cuándo _____ ?
3. Va a salir de la cárcel el martes que viene. ⟶ ¿Qué día _____ ?
4. Le van a dar un empleo. ⟶ ¿Qué _____ ?
5. Nos va a costar 1.000 pesetas. ⟶ ¿Cuánto _____ ?
6. Van a poner el mapa en el salón. ⟶ ¿Dónde _____ ?

322. Pronombres personales objeto indirecto. Posición. Sustituya las palabras en cursiva por el pronombre correspondiente.

1. ¿Damos *a ti* la cartera?
2. No devolvemos *a él* el dinero.
3. Ofrecen *a nosotros* su casa.
4. Llevo *a ustedes* al museo.
5. Paso *a ella* la sal.
6. ¿Explico *a vosotros* el uso de esta máquina?
7. El cartero entrega *a mí* el telegrama.
8. Arreglo *a usted* el televisor.

323.

Pronombres personales objeto. Posición. Ponga la forma correcta del pronombre en cursiva cuando sea necesario.

MODELO: Esta camisa es para *yo* ➡ mí.

1. Hablamos mucho de *tú* ➡
2. Lo hago para *él* ➡
3. Pienso mucho en *tú* ➡
4. Ella puede vivir sin *yo* ➡
5. Van a la fiesta sin *vosotros* ➡

324.

Pronombres personales objeto. Posición. Sustituya las palabras en cursiva por el pronombre correspondiente, según el modelo.

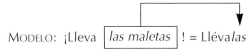

MODELO: ¡Lleva │ *las maletas* │ ! = Lléva*las*

1. ¡Llamen *al director*! =
2. ¡Comprad *las uvas*! =
3. ¡Aprende *la letra de la canción*! =
4. ¡Bebed *agua*!
5. ¡Escribe *a tus padres*! =
6. ¡Recordad *esta fecha*! =

325.

Verbos reflexivos. Conteste a estas preguntas con frases completas.

1. ¿A qué hora se acuesta usted? ～
2. ¿Dónde te sientas? ～
3. ¿Cuántas veces te bañas a la semana? ～
4. ¿Te pones el abrigo en primavera? ～
5. ¿Se quita usted el traje en casa? ～
6. ¿Te peinas sin espejo? ～

326.

Demostrativos neutros. Correspondencia con adverbios de lugar. Haga según el modelo.

MODELO:
- (aquí) *Esto* es una joya.
- (ahí) *Eso* es un pastel.
- (allí) *Aquello* es una piscina.

(aquí) _____ es una toalla.

(allí) _____ es una lata de conservas.

(aquí) _____ es un sofá.

(allí) _____ es un pijama.

(ahí) _____ es una pipa.

(ahí) _____ es un helado.

(ahí) _____ es un vestido.

(aquí) _____ es una navaja.

(allí) _____ es una caja de cerillas.

327. Dé los sustantivos correspondientes a los siguientes verbos.

MODELO: *comer* ➤ *comida*.

doler   ➤ _____

salir   ➤ _____

trabajar ➤ _____

pasear   ➤ _____

beber   ➤ _____

cenar   ➤ _____

vivir   ➤ _____

traducir ➤ _____

APUNTES DE CLASE

Unidad cuarenta y ocho

328. Indefinido. Conteste a estas preguntas libremente con la forma apropiada del indefinido de *estar*.

MODELO: ¿Dónde estuviste ayer? ～ *Estuve* en los toros.

1. ¿Dónde estuvo usted ayer? ～
2. ¿Dónde estuvimos ayer? ～
3. ¿Dónde estuvisteis ayer? ～
4. ¿Dónde estuvieron (ellas) ayer? ～
5. ¿Dónde estuvo (él) ayer? ～

329. Indefinido. Conteste a estas preguntas libremente con la forma apropiada del indefinido de *estar*.

MODELO: ¿Con quién estuvo usted el domingo pasado? ～ *Estuve* con mi novia.

1. ¿Con quién estuviste la semana pasada? ～
2. ¿Con quién estuvisteis el verano pasado? ～
3. ¿Con quiénes estuvieron ustedes las Navidades pasadas? ～
4. ¿Con quién estuvo (él) el jueves pasado? ～
5. ¿Con quién estuvo (ella) las vacaciones pasadas? ～
6. ¿Con quién estuvo usted el año pasado? ～
7. ¿Con quién estuviste el mes pasado? ～

330. Ponga la forma correcta del pronombre en cursiva cuando sea necesario.

MODELO: Él trabaja con *mí*. ⟶ Él trabaja *conmigo*.

1. ¿Vienes con *yo* al partido? ⟶
2. No vamos con *tú* de excursión. ⟶

3. ¿Quiere usted cenar con *yo*? →

4. Yo no hablo con *ellos*. →

5. ¿Viene tu amigo con *tú*? →

331. Pronombres personales redundantes. Haga según el modelo.

MODELO:
{ *(Yo) sobrar* mucho dinero. → *A mí me sobra* mucho dinero.
{ *(Yo) sobrar* 100 dólares. → *A mí me sobran* 100 dólares.

1. (Tú) *faltar* seis pesetas → _____ _____ _____ _____ seis pesetas.

2. (Él) *faltar* tiempo → _____ _____ _____ _____ tiempo.

3. (Ella) sobrar tres puntos → _____ _____ _____ _____ tres puntos.

4. (Nosotros) quedar cinco minutos → _____ _____ _____ _____ cinco minutos.

5. (Usted) faltar la mitad → _____ _____ _____ _____ la mitad.

6. (Yo) quedar tres libros → _____ _____ _____ _____ tres libros.

7. (Vosotras) sobrar una entrada → _____ _____ _____ _____ una entrada.

332. Pronombres personales objeto. Posición. Sustituya las palabras en cursiva por el pronombre correspondiente, según el modelo.

MODELO: Quiero ver | *a Matilde.* | = quiero ver*la*.

1. Sabemos hablar *dos lenguas* =

2. Quieren terminar *el trabajo* =

3. ¡Puede usted hacer *la cama*! =

4. ¿Quiere usted repetir *la frase*? =

5. ¿Pueden ustedes subir *los muebles*? =

6. Mi hermana sabe arreglar *el motor del coche* =

7. Intentamos hacer *las cosas* bien =

333. Repita las frases del ejercicio anterior, según el modelo.

MODELO: Quiero ver | *a Matilde.* | = *La* quiero ver.

334. Demostrativos neutros. Use para la respuesta el mismo pronombre de la pregunta.

1. ¿Qué es *esto*? ~
2. ¿Dónde está *eso*? ~
3. ¿Qué es *aquello*? ~
4. ¿Qué es *eso*? ~
5. ¿Cómo se llama *esto*? ~
6. ¿Cuánto cuesta *esto*? ~
7. ¿Cómo está *eso*? ~
8. ¿De qué es *aquello*? ~

═══ **APUNTES DE CLASE** ═══

Regular Indefinido

– AR

Compr – é
compr – aste
compr – ó
compr – amos
compr – asteis
compr – aron

I bought

– ER

com – í
com – iste
com – io
com – imos
com – isteis
com – ieron

I ate

– IR

escrib – í
escrib – iste
escrib – io
escrib – imos
escrib – isteis
escrib – ieron

I wrote

Unidad cuarenta y nueve

335.

Verbos de debilitación vocálica (e/i). Repita el indefinido de estos verbos, según el modelo.

~~to tie~~ to lie

MODELO: mentí - mentiste - m [i] ntió - mentimos - mentisteis - m [i] ntieron.

(to ask for).

	yo	tu	el	Nos	vos	ellos
pedir:	pedí	pediste	pidió	pedimos	pedisteis	pidieron
preferir:	preferí	preferiste	prefirió	preferimos	preferisteis	prefirion
to measure medir:	medí	mediste	midió	medimos	medisteis	midieron
repetir:	repetí	repetiste	repitió	repetimos	repetisteis	repitieron
seguir:	seguí	seguiste	siguió	seguimos	seguisteis	siguieron

to follow

336.

Debilitación vocálica (o/u). Repita el indefinido, según el modelo.

i died

MODELO: morí - moriste - m [u] rió - morimos - moristeis - m [u] rieron.

to sleep dormir:

dormí	dormiste	durmió	dormimos	dormiste	durmieron

337.

Cambio ortográfico (c/j). Repita el indefinido, según el modelo.

conducir

MODELO: conduje - condujiste - condujo - condujimos - condujisteis - condujeron.

tradujo tradujimos

traducir: tradujé / tradujiste / ~~tradujimos~~ / ~~tradujo~~ / tradujisteis / tradujeron

del español a inglesa.

338.

Indefinido: irregularidades varias. Ponga la forma apropiada del indefinido de estos verbos.

1. (Él-conducir) **condujo** muy deprisa. quickly
2. (Ellos-pedir) **pidieron** más.
3. (Ella-medir) **midió** la habitación. room

4. (Ustedes-dormir) _durmieron_ seis horas.
5. El camarero (servir) _sirvió_ el coñac. _borracho_
6. El maestro (traducir) _tradujo_ el texto. _to stay_
7. (Ellas-preferir) ~~prefieron~~ (quedarse en casa. _prefirieron._
8. (Usted-repetir) ~~repitieron~~ nuestras palabras.

~~re~~ ripetió

la resaca - hangover
estar de resaca.

339. Pronombres personales objeto. Posición. *Se*. Haga según el modelo.

MODELO: Doy | a él | un libro. → *Se lo* doy.

1. Presto *a Luisa 100 pesetas*. →
2. Arreglan *a ustedes el tocadiscos*. →
3. Dices *a él muchas cosas*. →
4. El portero sube *a ellos la botella de leche*. →
5. ¿Baja el vecino *a usted la basura*? →
6. ¿Traen *a ellos el café* de Colombia? →

340. Posesivos. Sustitución. Ponga la forma apropiada, según el modelo.

MODELO: Esta toalla está limpia; la *(de ti)* → *tuya*, no.

1. Esta caja es muy pesada; la (de nosotros) _____ , no.
2. Mi casa está sucia; la (de usted) _____ , no.
3. Estos juguetes son baratos; los (de mí) _____ , no.
4. Ese caramelo es muy dulce; el (de vosotros) _____ , no.
5. Tu moto es muy rápida; la (de mí) _____ , no.

341. Demostrativo neutro. Use para la respuesta el mismo pronombre de la pregunta.

1. ¿Dónde está *aquello?* ∼
2. ¿Cómo está esto? ∼
3. ¿Cuánto cuesta *aquello?* ∼
4. ¿Cómo se llama *eso?* ∼
5. ¿De dónde es *eso?* ∼
6. ¿Dónde está *eso?* ∼
7. ¿De qué es *eso?* ∼
8. ¿De dónde es *aquello?* ∼

342. Exclamaciones con *qué... más*. Forme exclamaciones con los siguientes nombres y adjetivos, según el modelo.

MODELO: libro – interesante = ¡Qué libro más interesante!

1. postre – bueno
2. cuerda – fuerte
3. agua – fría
4. carne – tierna
5. paisaje – verde
6. pescado – caro

APUNTES DE CLASE

Unidad cincuenta

343. Indefinido *(i/y)*. Conjugue el indefinido de estos verbos.

MODELO: oír: *oí – oíste – o* $\boxed{y}$ *ó – oímos – oísteis – o* $\boxed{y}$ *eron.*

replace / to substitute
construir: Construi / Construiste / Construyo / construimos / construisteis / Construyeron

sustituir: Sustitui / Sustituiste / Sustituyo / Sustituimos / Sustituisteis / Sustituyeron

read
leer: lei / leiste / leió / leimos / leisteis / leieron

to fall
caer: Cai / Caiste / Gió / Caimos / Caisteis / Caieron

344. Indefinido *(i/y)*. Ponga la forma apropiada del indefinido de estos verbos.

1. (Él-sustituir) Sustituyo a su mujer en el trabajo.
2. Los niños (leer) leieron el cuento en cinco minutos.
3. Las hojas de los árboles (caer) Caieron pronto.
4. (Ella) no (oír) oyo la respuesta.
5. ¿(Leer) leió usted el último Premio Nobel?
6. ¿(Construir) Construyeron (ellos) la nueva iglesia del pueblo?

345. Pronombres personales objeto. Posición.

MODELO: Explico *la lección a ella.* → *se la explico.*

1. ¿Regalas *unas entradas a mí?* →
2. Llevo *la raqueta a él.* →
3. Aclaro *las dificultades a ti.* →
4. Él estropea *la máquina de escribir a mí.* →
5. Dan *la noticia a vosotros.* →
6. Repiten *a nosotros los números.* →
7. Cuento *un cuento a mi hija.* →
8. Alquilo *los esquíes a ellos.* →

346.
También ≠ tampoco. Ponga estas frases en negativa, según el modelo.

MODELO: Yo *también* vivo aquí. ⟶ Yo *tampoco* vivo aquí.

1. Nosotros también jugamos al tenis. ⟶
2. Ellos también cantan mucho. ⟶
3. Mi padre también duerme bien. ⟶
4. Vosotras también vais al cine. ⟶
5. Ellas también compran en este supermercado. ⟶
6. Carmen también es abogada. ⟶

347.
Use *también ≠ tampoco* según los casos.

MODELO: { Yo estudio mucho ⟶ *y yo también.*
          { Yo no estudio mucho ⟶ *y yo tampoco.*

1. Nosotros volvemos el lunes ⟶ y ellos _____
2. Ellos se bañan en el río ⟶ y nosotros _____
3. Yo no me aburro ⟶ y yo _____
4. No comprenden nada ⟶ y nosotros _____
5. Luisa duerme poco ⟶ y vosotras _____
6. Mi hijo coge el autobús ⟶ y tú _____
7. Tú no conoces este chiste ⟶ y ella _____
8. Vosotros no os divertís ⟶ y ustedes _____

348.
Ejercicio con el verbo *doler* y partes del cuerpo. Conteste a estas preguntas utilizando una de las palabras de la derecha.

MODELO: ¿Qué te duele? ∼ Me duelen las muelas.

1. ¿Qué le duele a usted? ∼ la cabeza
2. ¿Qué le duele al niño? ∼ el estómago
3. ¿Qué le duele a tu mujer? ∼ la espalda
4. ¿Qué le duele a Luis? ∼ el oído
5. ¿Qué le duele a la abuela? ∼ la garganta
6. ¿Qué te duele a ti? ∼ las muelas

Unidad cincuenta y uno

349. Indefinido *(c/qu)*. Conjugue el indefinido de estos verbos, según el modelo.

MODELO: indi $\boxed{qu}$ é – indicaste – indicó – indicamos – indicasteis – indicaron.

search/
to look
for   buscar: busqué / buscaste / buscó / buscamos / buscasteis / buscaron
to explain explicar: expliqué / explicaste / explicó / explicamos / explicasteis / explicaron
to take   sacar: saqué / sacaste / sacó / sacamos / sacasteis / sacaron
out
to practice practicar: practiqué / practicaste / practicó / practicamos / practicasteis / practicaron
to touch   tocar: toqué / tocaste / tocó / tocamos / tocasteis / tocaron
to snore   roncar: ronqué / roncaste / roncó / roncamos / roncasteis / roncaron
           criticar: critiqué / criticaste / criticó / criticamos / criticasteis / criticaron

350. Indefinido *(g/gu)*. Conjugue el indefinido de estos verbos, según el modelo.

MODELO: apa $\boxed{gu}$ é – apagaste – apagó – apagamos – apagasteis – apagaron.

to arrive llegar: llegué / llegaste / llegó / llegamos / llegasteis / llegaron
to pay   pagar: pagué / pagaste / pagó / pagamos / pagasteis / pagaron
to hand   entregar: entregué / entregaste / entregó / entregamos / entregasteis / entregaron
over to deliver
to play   jugar: jugué / jugaste / jugó / jugamos / jugasteis / jugaron
to entrust encargar: encargué / encargaste / encargó / encargamos / encargasteis / encargaron
to swallow tragar: tragué / tragaste / tragó / tragamos / tragasteis / tragaron
to refuse/ negar: negué / negaste / negó / negamos / negasteis / negaron
deny

351. Indefinido *(c/qu* y *g/gu)*. Ponga la forma apropiada del indefinido de estos verbos.

1. (Yo) no (pagar) pagué los impuestos.
2. (Yo-practicar) practiqué la primera parte de la lección.
3. (Yo-entregar) entregué las notas a los estudiantes.
4. (Yo-sacar) saqué todo el dinero del banco.

5. (Yo-jugar) _jugué_ a las cartas con Jane.
6. (Yo-empezar) _empecé_ tarde el curso.
7. (Yo) no (explicar) _expliqué_ el problema bien.
8. (Yo-tocar) _toqué_ el piano.

352.
Demostrativos (correspondencia adjetivo, adverbio de lugar). Haga según el modelo.

MODELO: No me gusta este queso; (quesos, *allí*) *aquéllos*, sí.

No nos gusta esa mermelada; (mermelada, aquí) _____ , sí.

No les gustan aquellos compañeros; (compañeros, ahí) _____ , sí.

No te gusta esta cafetería; (cafetería, allí) _____ , sí.

No les gustan aquellos artistas; (artistas, aquí) _____ , sí.

No me gusta ese paisaje; (paisaje, aquí) _____ , sí.

No os gusta ese peluquero; (peluquero, ahí) _____ , sí.

353.
Pronombres personales objeto. Posición. Sustituya las palabras en cursiva por los pronombres correspondientes, según el modelo.

MODELO: ¡Da *a nosotros los libros*! = ¡Dánoslos!

1. ¡Ofreced *a ellos un pastel*! =
2. ¡Lleva *a ella una rosa*! =
3. ¡Preguntad *a Luis la hora*! =
4. ¡Envíen *a ellas un regalo*! =
5. ¡Hagan *al enfermo un análisis de sangre*! =
6. ¡Da *al médico las gracias*! =

354.
Pronombres objeto. Posición. Haga según el modelo.

MODELO: (Él) no sabe comer *espaguetis* { (él) no sabe comer*los*.
                                          { (él) no *los* sabe comer

1. Tú no quieres poner *la mesa* =
2. No saben limpiar *la alfombra* =
3. ¿Pueden contestar *estas preguntas*? =

4. ¿Queréis explicar *este punto*? =

5. Ellos no saben hablar *español* =

6. Podemos tener *la fiesta* mañana =

7. Intentan comprender *nuestras razones* =

355. Forme exclamaciones con estas palabras y la partícula *qué*.

casa	pena (lástima)
bien	cerca
dulce	cara
fácil	dolor
mal	alegría

APUNTES DE CLASE

Unidad cincuenta y dos

356. Formas obligativas (sustitución). Repita estas frases, según el modelo.

MODELO: Es necesario   descansar. =   Hay que   descansar.

1. Es necesario trabajar más = _____
2. No es necesario dormir diez horas = _____
3. Es necesario respirar aire puro = _____
4. Es necesario divertirse = _____
5. No es necesario explicar esto = _____
6. Es necesario saber leer y escribir = _____

357. Expresión de la obligación. Haga frases con *hay que,* según el modelo.

MODELO: Estudiar: *hay que* estudiar.

1. Hacer algo: _____
2. Esperar: _____
3. Gastar menos: _____
4. Vivir: _____
5. Pensar en esto: _____
6. Conducir mejor: _____
7. Hablar menos: _____
8. Llegar antes: _____

358. Expresión de la obligación. Use la forma apropiada del presente de *tener que,* según el modelo.

MODELO: (Yo) *tengo que* dormir.

1. (Tú) _____ _____ bañarte.
2. (Él) _____ _____ aprender latín.
3. (Ella) _____ _____ cuidar las plantas.

4. (Usted) _____ _____ servir la mesa.

5. (Nosotros, -as) _____ _____ tomar el sol.

6. (Vosotros, -as) _____ _____ corregir el examen.

7. (Ustedes) _____ _____ recordar el número de teléfono.

8. (Ellos, -as) _____ _____ abrir la ventana.

359. Contraste *hay que* ≠ *tener que*. Cambie estas frases, según el modelo.

MODELO: *Hay que* preguntar ⟶ (yo) *tengo que* preguntar.

1. Hay que decírselo ⟶ (tú) _____

2. Hay que ponerlo allí ⟶ (él) _____

3. Hay que traerlo pronto ⟶ (ella) _____

4. Hay que volver en seguida ⟶ (usted) _____

5. Hay que invitarlos ⟶ (nosotros, -as) _____

6. No hay que preocuparse ⟶ (vosotros, -as) no _____

7. Hay que arreglar esa silla ⟶ (ellos, -as) _____

8. Hay que sacar el perro a pasear ⟶ (ustedes) _____

360. Usos de *demasiado, -a, -os, -as*. Conteste a estas preguntas, según los casos.

MODELO: ¿Estudia mucho Carol? ∼ Estudia *demasiado*.

1. ¿Fuma usted muchos cigarrillos? ∼ Fumo _____

2. ¿Hay mucha gente allí? ∼ Hay _____

3. ¿Hay mucho humo? ∼ Hay _____

4. ¿Duermen poco? ∼ Duermen _____

5. ¿Tiene muchas visitas? ∼ Tiene _____

361. Contraste *hacer* ≠ *tener*. Haga según el modelo.

MODELO: *Hace* frío/calor. ≠ (Yo) *tengo* frío/calor.

1. Hacía calor. ≠ (Nosotros) _____

2. Hizo frío. ≠ (Usted) _____

3. No hacía calor. ≠ (Vosotras) _____

4. ¿Hace frío? ≠ ¿(Tú) _____?

5. Va a hacer frío esta tarde. ≠ (Yo) _____

6. Va a hacer calor este verano. ≠ (Nosotros) _____

362. Dé los verbos correspondientes a los siguientes sustantivos.

MODELO: *muerte* ➤ *morir.*

entrada ➤

sueño ➤

beso ➤

peine ➤

compra ➤

llegada ➤

ducha ➤

vestido ➤

APUNTES DE CLASE

Unidad cincuenta y tres

363. Futuro simple. Formas regulares. Dé la forma apropiada de los siguientes verbos.

1. ¿Qué (pensar) _pensarás_ (tú) de mí?
2. ¿(Entender) _____ (usted) mi carta?
3. Ese bolígrafo rojo me (servir) _____
4. (Yo-conducir) _____ por la noche.
5. (Nosotros-jugar) _____ a las cartas el sábado.
6. (Ellos-traer) _____ a los niños.
7. (Nosotros-ir) _____ luego.
8. (Vosotras-ligar) _____ en la fiesta.

364. Futuro simple. Formas irregulares. Dé la forma apropiada de los siguientes verbos.

1. ¿(Tener) _____ (vosotras) tiempo?
2. (Ellos-venir) _____ a las seis de la tarde.
3. (Yo–poner) _____ la mesa.
4. Mi padre (salir) _____ del hospital el viernes.
5. (Yo-tener) _____ el billete de avión mañana.
6. La chica (poner) _____ las flores en la mesa.
7. Mañana (nosotros) no (venir) _____ a comer.
8. Esta noche (nosotros) no (salir) _____ .
9. Sofía nunca (querer) _____ a Javi.
10. Vosotras lo (hacer) _____ más tarde.

365. Futuro simple. Verbos irregulares. Dé la forma apropiada de los siguientes verbos.

1. Nunca (saber) _____ (tú) la verdad.
2. (Yo) no (poder) _____ llevarte a casa.
3. ¿Nos lo (decir) _____ Maruja?
4. (Ustedes) lo (hacer) _____ bien.

5. (Yo) te (querer) _____ siempre.

6. Esta semana (nosotros) no (poder) _____ terminar el trabajo.

7. (Vosotras) lo (saber) _____ el lunes.

8. ¿Quién (hacer) _____ el desayuno hoy?

9. (Ellas) no (querer) _____ venir.

10. ¡Qué (decir) _____ mi novio!

366. Verbos reflexivos. Haga frases.

llevantarse	arreglarse
vestirse	cepillarse
acostarse	asustarse
sentarse	encargarse
quitarse	marcharse
ponerse	acercarse

367. Formas *hay* ≠ *está(n)* contrastadas. Elija la forma correcta.

1. ¿(Hay ≠ está) Luis en Chicago?

2. (Hay ≠ está) un taxi en la parada.

3. ¿(Hay ≠ está) el profesor en clase?

4. En esa familia (hay ≠ están) cuatro mujeres.

5. No (hay ≠ están) árboles en el jardín.

6. (Hay ≠ están) pocas personas en la conferencia.

368. Indefinidos. Use *todo, -a, -os, -as*, según los casos.

1. Vamos allí _____ los jueves.

2. Están _____ enfermas.

3. Conozco _____ su historia.

4. Este niño juega _____ el día.

5. ¿Está _____ el mundo aquí?

6. Lo sabemos _____

7. ¡_____ a una!

8. Las quiso a _____

369. Léxico de aparatos corrientes en el hogar. Dé el nombre correspondiente a cada pregunta.

1. ¿Cómo se llama el aparato para conservar los alimentos fríos?   ~
2. ¿Cómo se llama el aparato para lavar la ropa?   ~
3. ¿Cómo se llama el aparato para lavar los platos?   ~
4. ¿Cómo se llama el aparato para secar el pelo?   ~
5. ¿Cómo se llama el aparato para calentar el agua?   ~
6. ¿Cómo se llama el aparato para poner discos?   ~
7. ¿Cómo se llama el aparato que se conecta al televisor para ver películas?   ~
8. ¿Cómo se llama el aparato para mezclar y triturar alimentos?   ~

APUNTES DE CLASE

Unidad cincuenta y cuatro

370. Condicional simple. Formas regulares. Dé la forma apropiada.

1. (Tú) no (entender) _____ eso.
2. ¿Dónde (llevar) _____ (ellos) esos muebles?
3. (Yo) no (subir) _____ en el ascensor.
4. ¿(Jugar) _____ (ustedes) al póquer?
5. (Ella) no te (esperar) _____
6. (Vosotras-vivir) _____ mejor aquí.
7. (Nosotros-ir) _____ más tarde.
8. ¿(Ella-ligar) _____ el otro día?

371. Condicional simple. Formas irregulares. Dé la forma apropiada de los siguientes verbos.

1. (Yo-tener) _____ miedo.
2. (Ellos-venir) _____ juntos.
3. (Tú-decir) _____ más cosas que yo.
4. ¿(Querer) _____ (usted) ayudarme?
5. (Nosotras) lo (hacer) _____ con interés.
6. (Ellos-poder) _____ ir a la boda.
7. (Yo) no (saber) _____ hacerlo.
8. ¿(Tú) lo (hacer) _____ ?

372. Indefinidos. Use *otro, -a, -os, -as*, según los casos.

1. Necesito _____ vestido.
2. Queremos visitar _____ sitios.
3. ¿Dónde hay _____ farmacia?
4. Yo uso _____ diccionario mejor.
5. _____ veces lleva sombrero.
6. Póngame _____ kilo de tomates.

373. Indefinidos. Use las formas *mucho, -a, -os, -as* o *poco, -a, -os, –as* según el modelo.

MODELO: ¿Tienes *mucho* tiempo libre? ∼ No, tengo *poco.*

1. ¿Hay poca gente allí? ∼ No, _____
2. ¿Tienen muchos amigos? ∼ No, _____
3. ¿Venden (ellas) muchas flores? ∼ No, _____
4. ¿Gastan poco dinero? ∼ No, _____
5. ¿Vienen pocas veces? ∼ No, _____
6. ¿Hay muchos barcos en el puerto? ∼ No, _____

374. *Llevar* en expresiones de tiempo. Use la forma apropiada del presente en las siguientes frases.

MODELO: Gladys *lleva* cinco años en España.

1. Magdalena y Rosa _____ un cuarto de hora en el salón.
2. Nosotros _____ una semana en el campo.
3. ¿_____ usted mucho rato aquí?
4. Ustedes no _____ mucho tiempo en Barcelona.
5. Tú _____ menos tiempo que yo en esta oficina.
6. Ellos _____ poco tiempo en el extranjero.

375. *Llevar* en expresiones de tiempo. Conteste a las siguientes preguntas con una forma apropiada del verbo *llevar.*

1. ¿Cuánto tiempo lleva usted en España? ∼
2. ¿Cuánto tiempo llevabas en la iglesia? ∼
3. ¿Cuánto tiempo llevabas en el jardín? ∼
4. ¿Cuánto tiempo llevas en este trabajo? ∼
5. ¿Cuánto tiempo lleváis aquí? ∼
6. ¿Cuánto tiempo llevaban en la estación? ∼
7. ¿Cuánto llevas estudiando español? ∼
8. ¿Cuánto llevaban esperándonos? ∼

376. Léxico de viajes. Rellene los puntos con la palabra apropiada de la columna de la derecha.

1. Los Pirineos forman _____ entre España y Francia.

2. ¿Os vais mañana? ¡Buen _____ !

3. Tuvimos que esperar en el _____ más de dos horas.

4. Sacamos un _____ de ida y vuelta.

5. El chico nos subió las _____ a la habitación.

6. Voy a _____ dos habitaciones en el hotel Miramar.

7. El tren de Estambul sale de la _____ del Norte.

8. Tuvimos que abrir todas las maletas en la _____

9. Dejaremos el equipaje en la _____

10. Allí enfrente está la _____

viaje

frontera

aeropuerto

estación

aduana

maletas

reservar

salida

billete

consigna

APUNTES DE CLASE

Unidad cincuenta y cinco

377. Sustituya las palabras en cursiva por la forma correspondiente del futuro simple para expresar probabilidad en el presente, según el modelo.

MODELO: *Seguramente (probablemente) son* las dos de la tarde. ⟶ *Serán* las dos de la tarde.

1. *Seguramente tiene* más de veinte años. ⟶
2. *Probablemente es* rusa. ⟶
3. *Seguramente llegan* en tren. ⟶
4. *Probablemente tiene* usted razón. ⟶
5. *Seguramente son* amigos. ⟶
6. *Probablemente está* embarazada. ⟶
7. *Seguramente lo saben.* ⟶
8. *Probablemente se quieren.* ⟶

378. Conteste a las siguientes preguntas utilizando la misma forma de futuro simple (de probabilidad en el presente) que aparece en la pregunta.

1. ¿Cuántos años tendrá su abuela?   ～
2. ¿Dónde vivirá Carlos ahora?   ～
3. ¿Cómo estará Juan ahora?   ～
4. ¿Con quién saldrá Carmen?   ～
5. ¿Quién será ese hombre?   ～
6. ¿Qué será eso?   ～
7. ¿Quién llamará a la puerta a estas horas?   ～
8. ¿De qué estará hecho este chisme?   ～
9. ¿Para qué servirá ese aparato?   ～
10. ¿Para cuándo volveréis?   ～

379. Conteste a las preguntas del ejercicio anterior con una forma de futuro simple (que indica probabilidad en el presente) o con presente de indicativo (que indica certeza). Observe la diferencia.

MODELO: ¿Cuántos años *tendrá* su abuela? { *Tendrá* 80 años.
                                           { *Tiene* 80 años.

380. Deletree estas palabras.

Constantinopla   Játiva
kilómetro   Buñuel
Burgos   Raquel
llover   examen

381. Formas *había* ≠ *estaba(n)* contrastadas. Elija la forma correcta.

1. Anteayer no (había ≠ estaba) aquí.
2. (Había ≠ estaba) un pájaro en el tejado.
3. Ayer (había ≠ estaba) el barco ruso fuera del puerto.
4. No (había ≠ estaban) muchos médicos en el hospital.
5. (Había ≠ estaban) dos pollos en la nevera.
6. A las dos de la mañana todavía (había ≠ estaba) gente en la plaza.
7. (Había ≠ estaba) montones de preguntas.
8. No (había ≠ estaba) remedio para eso.

382. Ponga la preposición *a* en las siguientes frases (con objeto directo de persona).

1. No conozco _____ esa señorita.
2. No vi _____ nadie allí.
3. Llevé _____ mi marido al cine.
4. ¿_____ quién esperas?
5. ¡No mires así _____ las chicas!
6. Recuerdo muy bien _____ tu padre.

383.

Modismos con *dar* y *tomar*. Ponga la expresión más adecuada en forma personal en las siguientes frases.

1. Nos saludamos. Nos _____   dar un paseo
2. Ella le ayudó mucho. Él le _____   dar la mano
3. Ese alumno no _____ en clase.   dar las gracias
4. Ayer (nosotros) _____ por la playa.   dar la enhorabuena
5. Es demasiado inocente. La gente le _____   tomar apuntes
6. Sacó la beca. Le _____   tomar el pelo

APUNTES DE CLASE

Unidad cincuenta y seis

384. Sustituya las palabras en cursiva por la forma correspondiente del condicional simple para expresar probabilidad en el pasado, según el modelo.

MODELO: *Seguramente (probablemente) eran* las dos de la tarde. ➡ *Serían* las dos de la tarde.

1. *Seguramente tenía* más de veinte años. ➡
2. *Probablemente era* rusa. ➡
3. *Seguramente llegaban* en tren. ➡
4. *Probablemente tenía* usted razón. ➡
5. *Seguramente eran* amigos. ➡
6. *Probablemente estaba* embarazada. ➡
7. *Seguramente lo sabía.* ➡
8. *Probablemente se querían.* ➡

385. Conteste a las siguientes preguntas utilizando la misma forma del condicional simple (de probabilidad en el pasado) que aparece en la pregunta.

1. ¿Cuántos años tendría su abuela? ～
2. ¿Dónde viviría Carlos entonces? ～
3. ¿Cómo estaría Juan entonces? ～
4. ¿Con quién saldría Carmen entonces? ～
5. ¿Quién sería aquel hombre? ～
6. ¿Qué sería aquello? ～
7. ¿Quién llamaría a la puerta a aquellas horas? ～
8. ¿De qué estaría hecho aquel chisme? ～
9. ¿Para qué serviría ese aparato? ～
10. ¿Con quiénes saldrían anteayer? ～

386. Conteste a las preguntas del ejercicio anterior con una forma del condicional simple (que indica probabilidad en el pasado) o con imperfecto (que indica certeza en el pasado). Observe la diferencia.

MODELO: ¿Cuántos años *tendría* su abuela? { *Tendría* 80 años.
{ *Tenía* 80 años.

387. Ponga la preposición *a*, donde sea necesaria, (con objeto directo de persona o de cosa).

1. No conocía _____ mucha gente allí.
2. Vieron _____ el partido de fútbol.
3. Llevó _____ su amigo al aeropuerto.
4. ¿Esperas _____ noticias de tu familia?
5. ¿Conoces _____ el Museo del Louvre?
6. No recuerda _____ nada.
7. ¡Mira _____ esas flores!
8. Vimos _____ nuestro jefe en la playa.
9. Compramos _____ una casa en el campo.
10. Arreglamos _____ la secadora ayer.

388. Ponga *de* o *por*, según los casos.

1. Son las 8 _____ la mañana.
2. Hago ejercicio _____ la mañana.
3. Cenamos a las 10 _____ la noche.
4. Nos gusta ir a la discoteca _____ la noche.
5. Todos los días tomo café a las 4 _____ la tarde.
6. Me gusta leer un poco _____ la tarde.

389. Silabeo. Separe las siguientes palabras por sílabas.

MODELO: bolígrafo = *bo–lí–gra–fo*

máquina =
constitución =
Atlántico =
regresar =
instituto =
traducción =
Inglaterra =
diversión =

390. Verbo *tardar.* Conteste a las siguientes preguntas con el verbo *tardar* y una expresión de tiempo.

MODELO: ¿Cuánto tarda el avión de Londres a Nueva York?   ∼   *Tarda cinco horas.*

1. ¿Cuánto tardó el examen?   ∼
2. ¿Cuánto tardan tus hijas de casa a la escuela?   ∼
3. ¿Cuánto tardáis del estadio al hotel?   ∼
4. ¿Cuánto tarda un taxi al aeropuerto?   ∼
5. ¿Cuánto tarda el autobús de aquí al centro?   ∼
6. ¿Cuánto tarda el metro de aquí al museo?   ∼

APUNTES DE CLASE

Unidad cincuenta y siete

391. Sustituya las formas verbales en cursiva por las correspondientes del imperfecto para expresar acción habitual o repetida en el pasado, según el modelo.

MODELO: Él *solía acostarse* temprano. ⟶ (Él) *se acostaba* temprano.

1. (Ella) *solía ducharse* con agua fría en invierno. ⟶
2. (Ellos) *solían salir* los viernes por la noche. ⟶ *Salian los viernes por la noche.*
3. (Él) *solía afeitarse* por la noche. ⟶ *afeitaba*
4. (Yo) *solía coger* el autobús 12. ⟶ *Cogia el autobús 12.*
5. (Nosotros) *solíamos ver* a Ana en el mercado. ⟶ *Veíamos*
6. (Tú) *solías tomar* una cerveza en ese bar. ⟶ *tomabas*

392. Use el pretérito imperfecto para contestar a las siguientes preguntas.

1. ¿Estaba Pablo en la conferencia? ~ *Pablo estaba en la conferencia*
2. ¿Decías algo? ~ *Si, decia algo.*
3. ¿Qué hacías en Estados Unidos? ~ *hacia*
4. ¿Nevaba mucho esta mañana? ~ *Si, nevaba mucho esta mañana.*
5. ¿A quién esperabas en la estación? ~ *esperaba en la estación*
6. ¿Le gustaba la tortilla española? ~ *No, no gustaba la tortilla española.*
7. ¿De quién hablabais? ~ *Yo, hablaba*
8. ¿Hasta qué hora trabajaban? ~ *trabajaban a los nonueva.*

393. Dé la forma apropiada del imperfecto de los verbos entre paréntesis en las siguientes frases (contraste imperfecto-presente).

1. *Antes* (yo-vivir) *Vivia* en Pamplona; *ahora* vivo en Salamanca.
2. *Antes* (ellos-ser) *eran* muy pobres; *ahora* tienen mucho dinero.
3. *Entonces* (nosotros-ser) *eramos* jóvenes; *hoy* somos viejos.
4. *Entonces* (tú-trabajar) *trabajabas* mucho; *ahora* no haces nada.
5. *En aquel tiempo* (ella-estar) *estaba* soltera; *ahora* está divorciada.
6. *Antes* (haber) *habia* muro de Berlín; *ahora* no lo hay.
7. *Hace unos años* (ella-fumar) *fumaba*; *ahora* ya no fuma.

394.
Dé la forma apropiada del imperfecto de los verbos entre paréntesis en las siguientes frases (contraste presente-imperfecto).

1. *Ahora* llueve poco; *antes* (llover) __llovía__ más.
2. *Hoy* (ella) está muy delgada; *entonces* (estar) __estaba__ muy gorda.
3. *En este momento* (yo) lo sé; *antes* no lo (saber) __sabía__ .
4. *Hoy* (nosotros) tenemos democracia; *antes* (tener) __teníamos__ dictadura.
5. *Ya* (tú) hablas bien francés; *antes* no lo (hablar) __hablabas__ .
6. *Ahora* escribo poco; *antes* (escribir) __escribía__ mucho.

395.
Dé la forma apropiada del imperfecto en las siguientes oraciones (contraste imperfecto-presente).

1. *Hace tres semanas* (yo-estar) __estaba__ en Méjico; *ahora* estoy en Italia.
2. *Hace veinte años* (ellos-ser) __eran__ de izquierdas; *hoy* son de derechas.
3. *Hace cinco minutos* (yo-recordar) __recordaba__ la fecha; *ahora* no la recuerdo.
4. *Hace tres meses* (ella-trabajar) __trabajaba__ en Correos; *ahora* trabaja en un banco.
5. *Hace diez años* mucha gente (llevar) __llevaba__ corbata; *hoy* poca gente la lleva.
6. *Hace una hora* (llover) __llovía__ mucho; *ahora* hace sol.
7. *Hace cinco minutos* (tú) lo (saber) __sabías__ ; *ahora* no lo sabes.
8. *Hace diez segundos* (ella-estar) __estaba__ aquí; *ahora* ya no está.

396.
Silabeo. Separe las siguientes palabras por sílabas.

excursión =

diecisiete =

presente =

secretaria =

dormitorio =

veintidós =

director =

sinfonía =

397. Fórmula de pregunta *cuántas veces*. Conteste a las siguientes preguntas con un numeral + *vez(ces)*, según el modelo.

MODELO: ¿Cuántas veces vas al cine?   ~   Voy *tres veces al mes*.

1. ¿Cuántas veces tienes clase de lengua?   ~
2. ¿Cuántas veces viene el cartero?   ~
3. ¿Cuántas veces compras el periódico?   ~
4. ¿Cuántas veces comes al día?   ~
5. ¿Cuántas veces se casó tu abuelo?   ~
6. ¿Cuántas veces sales por la noche?   ~
7. ¿Cuántas veces al día coges el autobús?   ~
8. ¿Cuántas veces llamas por teléfono?   ~

APUNTES DE CLASE

Unidad cincuenta y ocho

398. Uso del pretérito indefinido con *durante*. Dé la forma apropiada de los siguientes verbos.

1. (Yo-estar) _estuve_ con él durante diez días.
2. (Él-ser) _fue_ presidente del gobierno durante cuatro años.
3. (Nosotros-jugar) _jugamos_ al póquer durante todo el viaje.
4. ¿No la (ver) _visteis_ (vosotras) durante aquel año?
5. (Ellos-ser) _fueron_ novios durante cinco años.
6. (Ellas) sólo (comer) _comieron_ fruta durante dos semanas.
7. Aquel año (estar) _estuvo,_ nevando durante dos meses seguidos.
8. ¿Durante cuánto tiempo (tú-vivir) _viviste_ allí?

399. Uso del pretérito indefinido con *ayer*. Dé la forma apropiada de los siguientes verbos.

1. Ayer (llover) _lloví_ todo el día.
2. Ayer (yo–dormir) _dormí_ demasiado.
3. Ayer (ser) _fue_ fiesta.
4. ¿(Ver) _viste_ (tú) la televisión ayer?
5. Ayer (nosotros-estar) _estuvimos_ en casa toda la tarde.
6. Ayer no te (duchar) _duchaste_.
7. Ayer (nosotros-estar) _estuvimos_ de juerga.
8. Ayer (usted) no (hacer) _hizo_ nada.

400. Use el indefinido para contestar a las siguientes preguntas.

1. ¿Qué hicieron ustedes el verano pasado? ~ fuimos à la playa.
2. ¿Dónde compraste esos zapatos? ~ compré en una tienda.
3. ¿Cuándo llegaste a Canarias? ~ llegé a Canarias a lunes pasado.
4. ¿Dijo usted algo? ~ Si, dije muchas.
5. ¿Cómo abrió (ella) la puerta? ~ Porque, estuvo frío.

6. ¿Con quién fueron (ellos) a la discoteca? ~ fueron con sus amigas.
7. ¿Hasta cuándo os quedasteis? ~ quedamos por cinco minutos.

401. Dé la forma apropiada del indefinido en las siguientes oraciones (contraste indefinido-imperfecto).

I go imper that

1. *Todas las semanas* (íbamos) *al museo; aquella semana* (quedarse) **quedamos** casa.
2. *Todas las navidades* recibíamos «christmas»; *aquella navidad* no (nosotros - recibir) **recibimos** ____ ninguno.
3. *Los sábados* dormíamos la siesta; *ese sábado* no la (dormir) **dormimos**
4. *Siempre* hablaban de política; *ese día* (ellos-hablar) **hablaron** de deportes. (sports) always
5. *Siempre* leía un poco en la cama; *ayer* (ella-dormirse) **dormió** en seguida. Bed straight away.
6. *Todos los días* hacía la cama; *ayer* no la (yo-hacer) **hice** . Bed
7. *Los martes* íbamos al campo; *ése* no (ir) **fuimos** . Countryside

402. Dé la forma correcta del imperfecto o del indefinido en las siguientes frases.

1. (Yo) iba *todos los días* al gimnasio; *ayer* no (ir) **fui** .
2. *Todos los domingos* (ellos-soler) **solían** salir; *el domingo pasado* no salieron. usually, accostomed to.
3. *Siempre* (nosotros) pasábamos las vacaciones en la montaña; *el año pasado* (ir) **fuimos** a la playa.
4. (Nosotros) nos (ver) **veíamos** siempre en el club; *ese día* nos vimos en el café.
5. *Todas las mañanas* (él) desayunaba en casa; *aquella mañana* (desayunar) **desayuné** en el bar de la Universidad.
6. *Todas las tardes* las señoras (tomar) **tomaban** el té; *esa tarde* no lo tomaron.
7. *Siempre* (ella-llevar) **llevaba** a los niños al colegio; *ayer* no los llevó.

403. Ponga *de* o *por*, según los casos.

1. Mañana _____ la mañana voy al dentista.
2. Mañana te despierto a las 6 _____ la mañana.
3. Hoy _____ la mañana salgo de excursión.
4. Hoy, a las 7 _____ la mañana, salgo de excursión.
5. Los turistas llegan hoy a las 12 _____ la mañana.
6. Los turistas llegan hoy _____ la tarde.

Unidad cincuenta y nueve

404. Participio pasado irregular. Dé los infinitivos correspondientes, según el modelo.

MODELO: *abierto* ➞ *abrir*

roto ➞ ~~ROTER~~ ROMPER
puesto ➞ PONER
vuelto ➞ VOLVER
escrito ➞ ESCRBIR
muerto ➞ MORIR
visto ➞ VER
hecho ➞ HACE
dicho ➞ ~~DIRE~~ DECIR
ido ➞ IR

405. Participios irregulares. Conjugue el pretérito perfecto de los siguientes verbos.

escribir: _____ / _____ / _____ / _____ / _____ / _____
volver: _____ / _____ / _____ / _____ / _____ / _____
romper: _____ / _____ / _____ / _____ / _____ / _____
decir: _____ / _____ / _____ / _____ / _____ / _____
ir: _____ / _____ / _____ / _____ / _____ / _____
poner: _____ / _____ / _____ / _____ / _____ / _____
ver: _____ / _____ / _____ / _____ / _____ / _____
hacer: _____ / _____ / _____ / _____ / _____ / _____

406. Participios regulares. Dé la forma apropiada del pretérito perfecto de los siguientes verbos, según el modelo.

MODELO: Este año (yo-vivir) en Alemania. ➞ Este año *he vivido* en Alemania.

1. (Nosotros) nunca (hablar) _____ con ella.
2. Ya (yo–comer) _____ antes en este restaurante.

3. (Usted) no (comprender) _ha comprendido_ la pregunta.

4. El portero me (subir) _____ la correspondencia.

5. ¿(Preguntar) _____ (vosotras) por mí?

6. El mecánico (arreglar) _____ la moto.

7. (Nosotras–tomar) _____ todos los apuntes.

8. ¿(Tú–llamar) _has llamado_ al médico?

407. Participios irregulares. Dé los participios pasados correspondientes a los siguientes infinitivos.

decir → DICHO

escribir → ESCRITO

romper → ROTO

ver → VISTO

morir → MUERTO

hacer → HECHO

abrir → ABIERTO

volver → HE VUELTO

poner → PUESTO

ir → IDO

408. Contraste _ser_ ≠ _llegar_. Haga según el modelo.

MODELO: _Es_ tarde. → (Yo) _llego_ tarde.

1. Era temprano. → (Él) _____ _____

2. Es temprano. → (Tú) _____ _____

3. ¿Es tarde? → ¿(Nosotros) _____ _____ ?

4. No era tarde. → (Vosotras) no _____ _____

5. Es muy tarde. → (Ellos) _____ _____

6. ¿Es muy temprano? → ¿(Ella) _____ _____ ?

409. Léxico de alimentos. Coloque una palabra apropiada de la columna de la derecha en las siguientes frases.

1. A Stanley no le gusta el a _____ con leche.   arroz

2. Anita prefiere el q _____ manchego.   patata

3. En España mucha gente toma ch _____ en taza.   queso

4. Cena dos h _____ fritos todos los días.   postre

5. Nunca toma p_____   chocolate

6. La t _____ española tiene p _____   tortilla

7. ¡Niño, no comas la c _____ con los dedos!   aceite

8. ¿Cómo quiere usted las p _____ ? Las quiero fritas.   salsas

9. A ella no le sienta bien el a _____ de oliva.   huevos

10. A vosotras no os gustan las s _____   carne

APUNTES DE CLASE

Unidad sesenta

410. Participios irregulares. Dé la forma apropiada del pretérito perfecto de los siguientes verbos.

1. ¿Qué (decir) ___ha___ ___dicho___ (usted)?
2. ¡Perdón!, (yo-romper) ___he___ ___roto___ la taza.
3. Esta mañana (yo) las (ver) ___he___ ___visto___ en la calle.
4. (Ellos-volver) ~~haber~~ han ___vuelto___ de Francia esta semana.
5. Todavía (ellos) no (abrir) ~~haber~~han ___abierto___ las tiendas.
6. ¿Te (poner) ___has___ ___puesto___ (tú) la falda nueva alguna vez?
7. ¿Cuándo (ella-irse) Se ha ___ido___ de compras?
8. (Ellos-hacerse) Se ~~haber han~~ hecho los tontos.

411. Participios irregulares. Dé la forma apropiada del pretérito perfecto de los siguientes verbos.

1. ¿Qué (hacer) ___has___ ___hecho___ (tú) hoy?
2. (Ellos) no me (escribir) ___han___ ___escrito___ todavía.
3. (Nosotros-ver) ~~haber~~hemos visto esa película antes.
4. ¿Enrique, (hacer) ___has___ ___hecho___ (tú) el café?
5. En el accidente (morir) ___ha___ ___muerto___ el conductor del autobús.
6. Ya (volver) ___he___ ___vuelto___ la primavera.
7. ¿Qué (tú-ponerse) te se has ___puesto___ esta mañana?
8. ¿(Vosotras) le (decir) ___habéis___ ___dicho___ la verdad?

412. Ponga la forma apropiada del pretérito perfecto de los verbos entre paréntesis en las siguientes oraciones (contraste indefinido-pretérito perfecto).

1. *Ayer* fui al zoo; *esta mañana* (yo-ir) ___ha ido___ al circo.
2. *Ayer* fumaste dos paquetes de cigarrillos; *hoy* sólo (tú – fumar) ___has___ ___fumido___
3. *La semana pasada* salieron mucho; *esta semana* no (salir) ___han___ ___salido de___ casa.
4. *Anoche* llamaron dos veces por teléfono; *esta noche* no (llamar) ___han___ ___llamado___ todavía.

5. *El mes pasado* tuvimos tres días de fiesta; *este mes* no (tener) __hemos__ __tenido__ ninguna.

6. *El domingo* oímos un concierto de música clásica; *hoy* lo (oír) __hemos__ __oído__ de jazz.

7. *En el año 1989* estuve en Túnez; *éste* (estar) año __he__ __estado__ en Níger.

413. Ponga la forma apropiada del indefinido de los verbos entre paréntesis en las siguientes oraciones (contraste pretérito perfecto-indefinido).

1. *Esta tarde* he leído las noticias en el periódico; *ayer* las (oír) __oí__ por la radio.

2. *Este año* has ganado poco; *el año pasado* (tú-ganar) __ganaste__ mucho más.

3. *Este fin de semana* nos hemos divertido mucho; *el fin de semana pasado* (divertirse) __nos divertimos__ poco.

4. *Este mes* han tenido muchas visitas; *el mes pasado* (ellos-tener) __tenieron__ muy pocas.

5. *Este verano* ha descansado usted mucho; *aquel verano* (usted-cansarse) __esse canso__ demasiado.

6. *Este mes* has adelgazado tres kilos; *aquél* sólo (adelgazar) __adelgazo__ uno.

7. *Esta primavera* ha hecho un tiempo estupendo; *la de 1998* (ser) __fue__ horrible.

414. *Qué ≠ cuál.* Elija el interrogativo adecuado.

1. ¿_____ es tu prima Juana?

2. ¿_____ chisme es ése?

3. ¿_____ llegó tarde a la charla?

4. ¿_____ de ellas sabe tres lenguas?

5. ¿_____ es el ligón?

6. ¿_____ hace usted, hombre?

7. ¿_____ de ellos te parece mejor?

8. ¿_____ plato te gusta más?

9. ¿_____ de estos postres prefiere usted?

10. ¿_____ le has dicho, bribón?

he
has
ha
hemos
habéis
han

415. Modismos con *hacer*. Rellene los puntos con la expresión más adecuada en forma personal de la columna de la derecha.

pupils

1. Los alumnos _haces preguntas_; el profesor las contesta.
2. Voy al mercado. Tengo que _hacer la compra_
3. Ayer (yo) _haces un examen_ de gramática.
4. Se lo dije. Él no me _hizo caso_.
5. Quiero acostarme. Hay que _hacer la cama_
6. Tengo hambre. Hay que _hacer la comida_

hacer preguntas. *to ask a qu*
hacer caso. *to pay*
hacer un examen. *exam*
hacer la cama. *bed*
hacer la compra. *buy*
hacer la comida. *food*

put to bed

APUNTES DE CLASE

Indice alfabético de conceptos

NOTA: Los números se refieren a los ejercicios.

CURSO INTENSIVO DE ESPAÑOL

EDICIÓN RENOVADA

Gramática (Fernández, Fente, Siles). Madrid, 1990.   páginas.

EJERCICIOS PRÁCTICOS

Niveles de **iniciación** y elemental (Fernández, Fente, Siles). Madrid, 1990. (Edición renovada) 210 páginas.

Clave y guía didáctica.

Niveles elemental e **intermedio** (Fernández, Fente, Siles). Madrid, 1990. (Edición renovada) 210 páginas.

Clave y guía didáctica.

Niveles intermedio y **superior** (Fernández, Fente, Siles). Madrid, 1990. (Edición renovada) 244 páginas.

Clave y guía didáctica.